The Return of
Martin Guerre

真假丈夫

馬丹蓋赫返鄉記

娜塔莉・戴維斯＝著
陳榮彬＝譯

獻給錢德勒・戴維斯（Chandler Davis）

目次

推薦序

十六世紀高端詐騙背後的真實人性

許菁芳（作家）

請想像這樣一個詐騙故事。

有個年輕男子，他的家族略有資產，很小就按照父母安排，與鄰近地區相似背景地位的家族聯姻，跟他們年輕貌美的女兒結婚。可能因為結婚的時候年紀還太小，性生活一度不大順遂，但後來也漸入佳境，順利生下一個兒子。但這個年輕人跟父親發生衝突（其實是偷了父親財產），一言不合就離家出走了——多年無消無息。在他缺席時，父母過世、叔叔當家，四個妹妹跟兒子慢慢長大。當他終於回到村裡，他的樣子已經非常不同：胖了些，說話的聲音也不大一樣。不過，他對一切人事物都很熟悉，遇到親戚故友，回想起少時點點滴滴，都還記得清清楚楚。他的妻子一直忠實地等待著他，歡喜地接受他回到夫妻生活，兩人又迎來了兩個寶寶。

就在一切又漸入佳境時，另一個震撼彈來了：他跟叔叔又產生衝突，這次也是為了財產，兩人鬧上法院。叔叔放大絕：向法院控訴這位多年後返家的年輕人，是個假冒的騙子！而法院在詳盡調查後，竟然也認定他虛構身分！案子來到上訴審，越來越多人來到法院作證，妻子、妹妹極力捍衛他，但叔叔與眾多鄉里人士的說法也非常強勢。就在法官逐漸傾向他的立場時，另一個驚人的轉折出現了——真實身分的本人，竟然出現在法院當庭！雖然瘸了一隻腳，但本人一現身，全部人都立刻發現，假的真不了！原本積極保護丈夫的妻子，震驚不已，當場人哭起來。假冒身分的騙子很快被定罪，處以絞刑，行刑地點就在家族的土地上。

這個故事集愛情詐騙與家族詐騙於一身，連多年審理詐騙案件的法官們，也差點被騙過去。《真假丈夫：馬丹蓋赫返鄉記》*講述的故事高潮迭起，令人目眩神迷，難怪從十六世紀開始，流傳四方，至今不只一個世紀。

冒牌丈夫居提勒應該可說是真假丈夫的主角——畢竟，若沒有他的精美謊言與異想天開，這整個故事都不會出現——但他還真是個難以評價的傢伙。當然，居提勒是個不折不扣的騙子，但他倒不是那種十惡不赦的惡人。他的作風亦正亦邪，甚至有些了不起的長處，某個角度來說，還是個有膽識的天才。

以騙子來說，居提勒非常高調，而且行動力強大。他在旅途中遇見兩個陌生人，這兩人是馬丹的老朋友，他們把居提勒誤認為許久不見的馬丹。居提勒立刻把握機會，熱烈地與他們攀談。他的套話技巧一定非常好，也一定

* 編註：本書初版原譯名《馬丹蓋赫返鄉記》，此次紀念新譯版在風格上有比較大的調整，故將書名調整為《真假丈夫：馬丹蓋赫返鄉記》。

非常善於取得他人信任，才會連「馬丹離家前把一條白色緊身褲擺在某個置物箱的確切位置」都能知道。驚人的是，就憑著這些反覆盤查所得到的資訊，居提勒竟然就這樣施施然地前往馬丹的故鄉，騙取遺產，開啟新人生。

居提勒是哪來的自信呢？過人記憶力與三寸不爛之舌應該都是他的長處。上級審法院盤查了一百五十位證人，雖然並不是所有人都相信居提勒就是馬丹，但即使是那些敵性證人（hostile witness），也都同意他能「……叫出每個人的名字，也能準確說出他與眾人多年前曾經一起做過什麼事，就連當年情境也一清二楚」。作為讀者，讀到這裡，我想到自己連八十人的必修課修課同學都記不住名字，不禁同意，要做詐騙也是要有天賦才華的。而且居提勒的好口才連法官們也嘖嘖稱奇，「他讓對手毫無招架之力，提出有理有據的各種質疑」，而且，「承審法官們盡力誘騙，想讓他吃驚上當，卻都討不到便宜，也沒辦法引誘他說謊，最後獲得的所有供述都是真話。」這令我想到電影《神鬼交鋒》（*Catch me if you can*）的那位天才騙子，法蘭克・阿巴內爾二世（Frank William Abagnale, Jr.），二十出頭就在二十六個國家偽造了超過兩百五十萬美元的支票，假扮過機長、醫師、律師及監獄工作人員。落網之後，他還獲得聯邦幹員的賞識，最終成為國家安全顧問，專門提供經濟犯罪的諮詢意見。騙子也有天才與笨蛋之分，有些騙子，其天才成分閃閃發光，認識其行騙經歷，精彩得差點忘記該審判他。

這個故事裡，無法用二元框架來認識的角色還有一個：那位與冒牌老公共同生活三年的真老婆，也就是本書女主角貝黛彤，實在也是一號精彩人物。在那個層層結構壓制女人的時空裡，她充分展現了女人的能動性。當時的世俗標籤——諸如聰明／愚昧、忠貞／淫蕩、能幹精明／柔弱易騙——實在無法捕捉貝黛彤充滿生命力與戲劇性的人生。

如果從法官們的角度認識她，讀者或許會相當同情貝黛彤。荳蔻年華結婚，婚後生活稱不上甜蜜美滿，年輕老公跟公公衝突，不久就離家出走，音訊全無。她極力實踐當時對已婚婦女的期待，忠實地在夫家守活寡。好幾年後，終於老公回家了，她將此視為婚姻的重新開始，也確實獲得了一段平凡但充實的家庭生活。沒想到，老公跟叔叔的財產糾紛，竟然鬧上法院，她還必須違背自己對老公的真實感受，做個形式上的訴訟當事人，跟老公對簿公堂。更令人崩潰的是，就在她極力捍衛（假）老公的同時，真老公竟然現身了！作為讀者，我實在難以想像貝黛彤的晴天霹靂——當她在法院裡見到飽經風霜的另一半，同時意識到過去三年來的枕邊人（也是自己女兒的父親），竟然是撒下瞞天大謊的局外人。法官們大概也同樣深感震撼，甚至為她遺憾，才會達成共識，在判決裡相當善待貝黛彤：「她是個誠實無欺的婦女，因為女性畢竟是柔弱的，她不會遭到詐欺、重婚或通姦等罪名起訴，而她的女兒將會保有婚生子女的身分。」

但是，貝黛彤真的是柔弱婦女嗎？

如果我們轉換角度，從不同的角度與歷史紀錄來認識她，恐怕很難相信貝黛彤是個任由命運擺布的柔弱女子。首先，從婚姻初期到老公失蹤，貝黛彤的處境一直都不容易，但她顯然在夫家為自己打造了一小方天地，堅持她認為正確的生活方式。剛結婚的時候，跟老公馬丹的性事不順，沒有圓房的婚姻，其實可以尋求離婚——但貝黛彤堅定地拒絕這種建議。馬丹失蹤後，公婆陸續離世，貝黛彤其實算不上是少主人（因為老公不見了），也不算是寡婦，當家的叔叔成為公公遺產的管理人，也是蓋赫家未婚女兒的監護人。奇異的是，當家叔叔竟然娶了貝黛彤的母親，進一步鞏固兩家族的關係，但也同時為貝黛彤帶來支持。她就這樣，在這個夫家娘家合體的家裡，耐心撫養兒子，跟四個未出嫁的夫家妹妹當好朋友，「潔身自愛，有所矜持」。如果八年的歲月顯示了貝黛彤的人格，應該只會是韌性或堅毅，怎麼會是柔弱？

其次，貝黛彤在法庭內外的表現，看起來也不像是個人云亦云、任人擺布的棋子。在冒牌老公居提勒跟叔叔皮耶對簿公堂之際，貝黛彤當然知道，（冒牌）老公打贏官司的關鍵，是要證明他真的就是馬丹本人。當然，我們無從得知貝黛彤到底有沒有懷疑過——或從什麼時候開始懷疑——冒牌老公居提勒的身分；我們可以確定的是，貝黛彤在整場訴訟一直非常堅持冒牌老公就是正牌老公，一直堅持到最後一刻。她甚至在訴訟還沒開始前，就曾經在肢體糾紛裡捍衛老公，是以肉身擋在老公前面，要保護他不受傷害。也因此，在冒牌老公準備訴訟的過程中，貝黛彤一定也扮演了吃重的幕後角色。用現代的法律行話來說，她得做「指導證人」（prep a witness）的工作，以確保冒牌老公在法庭上禁得起對造與法官的挑戰與問話。貝黛彤不僅得陪老公回顧他們的婚禮（請注意這是十六世紀，沒有婚攝，一切都靠人的記憶），老公性無能的過去與「解除魔咒」的歷程，她還「費盡心思想起某次床笫體驗，予以加油添醋」，後來令法庭印象深刻。冒牌老公被拘禁後，她還去另個城市送錢跟必需品。老公不在身邊的時候，還得盡力抵抗當家叔叔的轟炸（此時當家叔叔也已經是她的繼父了）。等到她終於站上法庭，她的堅貞顯然也頗能取信法官，她的證言更是一面倒地支持冒牌老公。捍衛老公，怎麼會是柔弱的？貝黛彤的行動與言語都充滿力量。

其實，從訴訟過程可以看出，貝黛彤恐怕不是個執拗農婦，她很可能是個思考縝密的當事人——她接受叔叔的安排，看似順從，但此舉其實以退為進，因為這樣一來，她才有機會站上法庭，對法官與世人表達她真實的立場。在她出庭的那一刻，叔叔就從善意的代理人，瞬間成為惡意的對造。仔細想來，貝黛彤甚至不能說是被動地接受安排，她其實是守株待兔、請君入甕，叔叔罔顧意願地設計她，反而是一種魯莽衝動，正中她下懷。

行文至此，僅僅是簡要分析兩位主角的性格與行為舉止，我們讀者所獲得的資訊（以及戲劇性）就已經豐富非常。但整個故事裡，活力十足而令人著迷的人物，還遠不止這兩位——正牌老公馬丹、坐在法庭上的審判法官——每一位都有值得探索的細節。他們雖然只是活著自己的人生，過著平常日子，但這樁在十六世紀日常裡浮現的奇案，實在太過獨特。它的魅力吸引了無數讀者、廣獲引用——連知名思想家蒙田（Michel de Montaigne）也興致盎然地寫了一篇散文《瘸子》，描繪他親眼目睹這樁奇案的經驗。當然，這個故事的吸引力遠不止於十六世紀的特定時空。它後來成為一部劇本、兩本小說、一齣輕歌劇的靈感來源，甚至，一直到二十世紀，還有小說、電影、音樂劇，持續講述本案的離奇故事。當然，整個故事的最後，終於來到了你我手中：由美國歷史學家娜塔莉．戴維斯（Nattalie Zemon Davis）多方考察，寫下了我們眼前的這本書。

閱讀至此，我想，或許你會同意本書作者的看法：「馬丹蓋赫的故事一再為人重述，是因為這樁奇案提醒我們，驚世駭俗之事隨時有可能發生在你我身邊。即便我以史家身分將這樁奇案予以解密，仍然覺得故事本身充滿歷久不衰的活力。」

推薦序

女史家與丈夫冒替案中的妻子

李貞德（中央研究院歷史語言研究所）

一個初潮來臨的少女，嫁給鄰村年紀相仿的少年，儘管少年外向好動，對她卻頗冷淡寡言，而且據說遭巫術綑綁，導致性的無能。成親八年，求助無門，最後獲得一位「彷彿從天而降」的老婦建議，才得以解除魔咒。當年的少女如今已然二十多歲，總算順利行房，懷孕生子。但不出數月，丈夫卻突然不告而別，留她獨自照顧家小、面對街坊親族。直到又過了八年，突然來了一個男人，面貌和丈夫極為相似、對她和家中事務瞭若指掌。丈夫的叔叔姊妹、村裡的朋友鄰居，驚愕之餘，都相信浪子終於回家了。

馬丹蓋赫返鄉記！四百年前發生在法國西南庇里牛斯山區的傳奇案件，從事發當下就引人入勝，塵埃落定後仍傳說不絕，長期以來，啟發眾多文論、戲劇和影視作品，包括一部北美重量級歷史學者娜塔莉・戴維斯（Natalie Zemon Davis, 1928-2023）參與腳本和顧問的電影。影片在一九八二年上映，戴維斯深感歷史事件中的許多幽微密細未能充分呈現，於是在次年出版同名專書，娓娓道來。她運用承審法官葛哈斯（Jean de Coras, 1515-1572）事後不久便撰寫的回憶錄，以當時另一位年輕法律人的記載補充，加上十六世紀各類檔案提供的背景知識，分章勾勒涉案人物的行動策略，逐一推敲他們的心思意念，針對此一多種文類曾經嘗試再現的「驚人悲劇」，不僅將故事說得清楚而完整，更進行了細緻而深刻的史學分析。

戴維斯的博學多聞，在書中一覽無遺，她既對地方社會的風俗習慣如數家珍，也能就轉變中的制度規範信手拈來。譬如，為了強調第一位說故事的葛哈斯深具法學素養和論述魅力，戴維斯先形容他的民法課程曾經吸引兩千人聽講，然後神來一筆地提醒讀者：「當時土魯斯大學的法學演講課，通常是在清晨五點到十點之間。」諸如此類畫龍點睛的資訊，書中俯拾可得，充分顯示她對細節的掌握，能夠有效串連分歧互見的文獻史料，幫助讀者理解遙遠時空的歷史人物及其處境。可想而知，書一出版便引起廣大迴響，認為戴維斯的解析呈現了不同的圖景。尤其是馬丹蓋赫的妻子貝彤黛，先是接納了突然出現的男人，共同生活四年並產下一女，卻在最後關頭加入叔叔的陣營，指控男人是冒名頂替的騙子！

三十出頭的婦人，究竟認不認得久違的丈夫？如果男人是真的，即使之前夫妻關係並不和睦，她仍應為一家之主終於歸來而鬆口氣嗎？如果他是假的，即使現時當下就表現得溫柔體貼，她仍應為堅守節操而將他拒斥於家門之外嗎？問題是，她怎麼無法分辨真假呢？是因為相處太少而離別太久，貝彤黛對自己的丈夫根本印象模糊，難免錯判？也有傳聞主張，恐怕是男人施了魔法導致她的雙眼蒙蔽？還是如判決表現同情地理解：女性原即心智薄弱、不善分辨，才會一時糊塗？歷來的論說總在設法解釋貝彤黛為何會被騙得團團轉，但戴維斯卻另闢蹊徑，提出新解。

做妻子的真的會誤認良人長達四年？戴維斯問：「一旦同床共枕，她應該就能察覺差異了吧？」那麼，當男人遭受攻擊時，她竟以肉身抵擋保護，究竟是在想什麼？貝彤黛對歸來者的先迎後拒，所反映的果真是弱者女性的無知反覆嗎？難道不是身陷複雜困境中的婦人，在情勢詭譎多變的各個階段中，一次又一次評估後的判斷與抉擇？戴維斯既是微觀史學的先驅，又特別在意邊緣人物的處境，她從妻母職分、財產繼承、社群壓力、情感需求和新教婚姻觀等多種角度，往復揣摩事件女主角的言行，提供了不同的詮釋可能。

娜塔莉·戴維斯，一九二八年出生於底特律的猶太移民家庭，少女時代即聰穎好學，一九四九年自史密斯女子學院（Smith College）畢業，先在雷德克理夫學院（Radcliffe College）取得碩士學位，後隨丈夫應聘密西根大學教職而前往該校攻讀博士，卻因兩人的左傾言行而屢遭挫折，直到一九五九年才取得學位。丈夫轉職至加拿大，戴維斯隨行，最初在多倫多大學兼任，一九六三年取得歷史系專職，之後曾陸續轉往柏克萊大學（一九七一至一九七八）和普林斯頓大學（一九七八至一九九六）任教。一九九六年從普大退休，重返多倫多大學，成為歷史系榮休教授，直到二〇二三年去世。

戴維斯在博士修業期間即自學運用檔案、閱讀手稿，並未脫離十九世紀末以來歐美的新史學風氣。不同的是，她關注的並非政府運作或國際關係，反而特別留意中下階層的人群。她的博士論文分析十六世紀里昂的印刷工人與宗教改革，此後，便從近代早期的法國出發，持續探究歐洲的社會與文化，佳作備出。說完貝彤黛的故事不久，她更擴大時空視野，著書分析十七世紀橫跨歐非大陸三位不同宗教信仰的女性人生。戴維斯既不斷開拓新題，又善於敘事，著作膾炙人口，感動學院內外。然而她的職涯軌跡，其實和許多女性學者類似，受到丈夫和家庭的影響而蜿蜒曲折。但這也成為她鍾情女性史的契機和養分，不僅鑽研歷史上的邊緣婦女，也探查同為歷史研究者的女性前輩經驗。

戴維斯最初在多倫多大學任教時，便和女同事一起開授了北美先驅的婦女與性別史課程，後來在柏克萊和普林斯頓也都協助創立婦女研究學程。一九八七年她獲選為美國歷史學會會長，是這個百年專業學會第二次由女性史家出任，距離上一次有女會長已經過了四十四年之久。事實上，她自一九七〇年代便開始涉獵女史家的議題，或在演說中，或在期刊上，介紹中世紀以來參與歷史寫作的女性人物，以及近代學科專業建置後，因為家庭、社會或文化等各種因素而無法進入教研機構，也就是體制邊緣的女性歷史學者。

女史家寫女性史，嘗試考掘邊緣婦女的主體性，別出心裁而扣人心弦。貝彤黛若有知，是否慶幸終於有人能夠體會自己的渴望與絕望了？《真假丈夫：馬丹蓋赫返鄉記》（*The Return of Martin Guerre*）全球譯本和電子書超過三十種，多年前臺灣也曾譯介出版。如今，中文新譯本即將問世，讀者有幸，得以再次回顧四百年前的傳奇案件、細細品味史學大師的洞見之作。看著案頭戴維斯簽名賜贈的原著，想到這次竟能參與推介，不得不說：與有榮焉！

作者序

因為我想冒個險，想用不同於一般史家的方式來述說過往的故事，才會有這本書的問世。馬丹蓋赫（Martin Guerre）的故事在歷史上已有好幾個版本。他是法國南部朗格多克（Languedoc）的富農，在一五四〇年代拋妻棄子，沒帶走任何財物。很多年都杳無音信後，他又返鄉回家了——至少大家認為回來的那個人就是他。但一家和樂的日子只過了三四年，有天妻子突然說回來的那人是冒牌貨，還把他告上法院。法院幾乎接受那個人的說詞，相信他就是馬丹蓋赫，但正牌馬丹卻在最後關頭現身。過沒多久，馬上有關於這樁疑案的兩本書問世，其中一本的作者就是本案的承審法官。法國各界對這案件議論紛紛，連偉大的思想家蒙田也有所評論。數百年來，許多關於冒名頂替案件與知名疑案的書籍都曾重述過這則故事，甚至庇里牛斯山山區的阿赫提加村（Artigat），也就是疑案發生的地點，村民也都還記得那些事件。這案子甚至成為一部劇本、兩本小說、一齣輕歌劇的靈感來源。

讀完該位承審法官寫的書之後，我心想：「一定要把這件事拍成電影啊。」從史家的角度看來，有關過去事件的敘述很少具有完美的敘事結構，通常也不會引人入勝，但這樁疑案卻是例外。我碰巧得知編劇卡西耶赫（Jean-Claude Carrière）與導演維涅（Daniel Vigne）正要根據這主題著手撰寫劇本。我設法加入他們的團隊，合作產出了《馬丹蓋赫返鄉疑案》（*Le Retour de Martin Guerre*）這部電影。

有趣的是，我越是回味製作電影的過程，對於那樁疑案的好奇心就變得越強烈，想要知道更多。在好奇心驅使之下，我持續深入調查，想要從歷史學角度探索那個案子有何意義。因為這下變成要為讀者寫書，而不是幫演員寫劇本，我想到了更多關於十六世紀法國人內心世界為何的問題——例如，他們當然關心財產，但他們是否一樣也關心真相？當年那個真名叫做居提勒的騙子怎能這麼厲害？對於這個問題，因為看著演員德巴狄厄（Gérard Depardieu）像瞎子摸象般揣摩著該如何扮演居提勒（Arnaud du Tilh），讓我有了一些新的想法。我覺得自己的歷史實驗室可以開張了，而我要產出的並非證據，而是歷史的各種可能性。

此外，那部電影捨去了許多歷史紀錄，這讓我感到懊惱。電影並未提到蓋赫家是巴斯克人，*也完全忽略了法國鄉村地區的新教背景，最糟的是電影還淡化了原有事件的兩個元素：馬丹之妻所扮演的雙重角色，還有那一位承審法官的內心衝突。這些改變也許有助於電影以簡單有力的方式說故事——事實上馬丹蓋赫疑案之所以會成為流傳後世的傳奇故事，本來也是因

* 譯註：巴斯克人（Basque），居住在庇里牛斯山山區的民族。

為具有這種簡單有力的特質。不過，一旦經過前述種種簡化後，反而會變得難以解釋當年到底發生了什麼事。儘管攝影鏡頭呈現出一座美麗的農村，看來幾乎就像是阿赫提加，卻沒有保留空間給各種不確定性或可能性，而這兩者卻偏偏是歷史證據不足或令人迷惑時，史家最想探討與提出解答的。我們拍出了一部緊張刺激的懸疑電影，讓觀眾直到最後仍然跟當年的村民與法官們一樣，無法確定事情真相到底是什麼。但光看電影並沒有辦法讓我們好好思考一個問題：「身分」在十六世紀有何意義？

因此，就像當年馬丹蓋赫之妻曾面對「虛構」（invention）的問題，這部電影也肯定會讓史家面對同一個考驗。我必須回到我的老本行，因此我為了查找檔案還去了庇里牛斯山山區以外的地方，包括富瓦（Foix）、土魯斯（Toulouse）與歐什（Auch）。我打算利用所有史料，就算一張紙也不放過，第一次以正式的歷史學規格來研究這個令人神往的故事。我想要找出以下答案：馬丹蓋赫為何離開家鄉阿赫提加？他後來去了哪裡？居提勒如何與為何成為冒名頂替者？他是否騙過了馬丹之妻貝彤黛（Bertrande de Rols）？還有他為何無法偽裝到底？探究這些問題，有助於我們用全新的角度認識十六世紀法國的鄉間社會。我會像當年的村民一樣，進入那幾處刑事法庭，解釋為何法官會數度改變判決。我還會把握難得機會向讀者們呈現，這個關乎某個農夫的歷史事件，究竟是怎樣被當時的文人重塑為一則傳奇故事。

沒想到研究馬丹蓋赫疑案比我原先想像的還要困難許多，但能夠再次重述他的生命史，對我來講實在是一件太有趣的事。

娜塔莉．澤蒙．戴維斯

一九八三年一月於普林斯頓

謝辭

感謝普林斯頓大學與國家人文基金會為這本書的撰寫提供財務奧援。我也要感謝阿列日（Ariège）、上加龍（Haute-Garonne）、熱爾（Gers）、庇里牛斯—大西洋（Pyrénées-Atlantiques）、吉倫特（Gironde）及加萊等各省檔案館的檔案管理員與工作人員提供建議與好意協助，否則我的研究不可能進展快速。感謝瑪莉（Marie-Rose Bélier）、保羅（Paul Dumons）與赫伯特（Hubert Daraud）三位村民願意跟我分享他們對於阿赫提加村的回憶，還有他們所知道的馬丹蓋赫故事。卡西耶赫與維涅讓我得以從新的視角去思考史家的「一般趨勢」與人民的生活經驗之間有何關聯。當我灰心喪志時，法國史家勒華拉杜里（Emmanuel Le Roy Ladurie）像及時雨般鼓勵我。美、法兩地的同僚們為我提供了許多構想，並建議我該去找哪些書籍與資料來看：Paul Alpers、Yves Castan、Nicole Castan、Barbara B. Davis、William A. Douglass、Daniel Fabre、Stephen Greenblatt、Richard Helmholz、Paul Hiltpold、Elisabeth Labrousse、Helen Nader、Laurie Nussdorfer、Jean-Pierre Poussou、Virginia Reinburg，還有Ann Waltner。關於刑事審判的那幾章，感謝阿佛列（Alfred Soman）不吝提供建議。書稿經過喬伊絲（Joyce Backman）的編輯後，讓文字讀來更為清晰。要不是外子錢德勒（Chandler Davis）幫了大忙，這件假冒別人丈夫的奇案也不會重見天日。

開場

十六世紀的法國農夫常以諺語來描述婚姻生活，例如「賢妻若非嫁良人，常常落得心頭冷」，還有「愛情誠可貴，金錢價更高」。[1]透過婚約、遺囑、教區的出生與死亡證明、求愛儀式與喧鬧遊行*的紀錄，史家對於古代鄉村地區家庭的生活狀況已經越來越瞭解。[2]不過，古代鄉農們對於人生抱持什麼希望，有何感覺？透過夫妻關係與親子關係又能獲得何等體驗？他們

* 譯註：喧鬧遊行（charivaris）是古代歐美習俗，為了嘲諷某位違犯社群規範的居民，其他居民拿起鍋碗瓢盆大聲敲打，在夜裡遊行，相當於英語中「rough music」一詞。

的人生受到哪些約束，又有哪些可能性？凡此種種，我們的理解可說是相當有限。我們常常認為古代鄉農沒有多少選擇，生活中充滿了各種不得已，但實情真是如此嗎？當年的村民們是否各不相同，曾嘗試藉由出人意表的奇特方式來改變自己的人生？

但是，史家又是如何發掘前述種種史實呢？身為史家，我們會仔細檢視書信、日記、自傳、回憶錄與家庭史。我們會深入研究各種文學作品，例如劇作、抒情詩與故事，而這些東西無論有幾分真假，無論能夠在多少程度上反映出特定人士的真實人生，終究能讓我們看出當時作家們認為哪些情緒與反應是合情合理的，因此才會在自己的作品中表達出來。至於十六世紀鄉農，因為其中九成以上都是文盲，不會寫字，所以留下足以抒發己見的文件不多。就算真有家庭史與日記得以流傳至今，數量也是少之又少，只有一兩條關於出生、死亡與天氣的紀錄。博學的希伯來語學者普拉特（Thomas Platter）的母親是一位工作孜孜不倦的農婦，普拉特曾這樣描繪她：「母親不曾在我面前流淚，唯一例外是那次我們向她道別時。她是個剛毅強健的女人，只是有點粗魯。」不過，這是普拉特記憶中的母親，寫下這句話時他早已遠離自己位於瑞士鄉間的老家與一片片翠綠蓊鬱的高山草原。[3]

至於文學作品，的確有不少描繪鄉農之處，但根據自古以來的慣例，往往會讓他們充當喜劇人物。根據這種理論，喜劇所刻劃的都是那些身處社會下層的「凡夫俗子」：「喜劇以卑微低下的風格重現特定人物的命運……創造出快樂、歡愉且宜人的內容。」以曾經在十六世紀數度再版的喜劇故事集《新故事一百則》（*Les Cent Nouvelles Nouvelles*）為例，有個貪財的鄉農撞見妻子正跟一位友人翻雲覆雨，對方承諾賠償大量穀物請他息怒，但為了使這樁交易成立，他必須讓那一對姦夫淫婦完事。法國布列塔尼的律師法伊（Noël du Fail）曾於一五四七年出版《鄉野奇談》（*Propos Rustiques*），書中述及老農呂班回憶自己在三十四歲結婚時的往事：「想當年，我壓根就不懂談戀愛是怎麼一回事……但現在幾乎所有年輕人在十五歲以前就已經跟女孩們做過那檔事了。」[4]這些文獻確實勾勒出古代鄉農們的想法與行為，並非沒有價值（畢竟喜劇也是讓我們得以探索人類處境的重要憑據），但一來不大會針對鄉農內心世界進行剖析，二來他們所身處的情境大概都侷限於那幾類，因此價值相對有限。

我們還可以透過另一種文獻來看出古代鄉農遭逢的各種困境，而且結局並不總是像喜劇那樣歡樂：那就是各個法庭的審判紀錄。要不是有宗教裁判所的紀錄，法國史家勒華拉杜里將無法勾勒出信奉純潔派的蒙大猶村，義大利史家金茲伯格（Carlo Ginzburg）也不能研究那位大膽主張異端思想的磨坊主人曼諾齊歐。*教區法院的紀錄裡充斥各種婚姻案件，憑藉這些案件，史家才有辦法瞭解村民與市民如何在習俗與法律的隙縫之間努力掙扎，擺脫種種束縛，覓得適當的婚配對象。[5]

還有一類資料是各種刑案審判紀錄。以下這筆一五三五年的紀錄，就是里昂附近某位年輕鄉農在衝動之下殺人後，為求赦免而向國王訴說的證詞。

即便他的說法可能經過律師（或公證人）潤飾，但我們仍能看出他所描繪的是一樁不幸福的婚姻：

前述請求赦免者約於一年前覓得良緣，安瑟莉帶著豐厚嫁妝嫁給他，隨後他也老老實實養家活口，希望與妻子過著平平安安的生活。但安瑟莉毫無來由地動了殺機，痛毆他，拿石頭砸他……前述請求赦免者也默默承受了，心想可能過一陣子就會平靜下來……但本月（五月）稍早某個禮拜天晨間，他們正安安靜靜地吃早餐，他請安瑟莉拿葡萄酒給他喝。她說：「喝個頭！」語畢就拿瓶子往他頭上砸，灑了他一臉葡萄酒。……她在盛怒下操起一口砂鍋，要不是家中女僕擋在兩人中間，恐怕他已身受重傷。……一時激動之下

* 譯註：前者指勒華拉杜里的經典《蒙大猶》（*Montaillou*），後者指金茲伯格的名著《奶酪與蛆蟲》（*The Cheese and the Worms*）。

他拿起麵包刀，往安瑟莉衝過去，一刀戳進她肚裡。

妻子的說法不得而知，因為她來不及陳述就一命嗚呼。[6]

透過這類文件，我們能夠瞭解當年那些農夫農婦在盛怒之下或遭遇危險時，會有何期待與感覺。不過，土魯斯高等法院曾於一五六〇年受理一樁上訴刑案，案情不但足以反映出多年來農村地區的婚姻狀況，且因為實在是太特殊，承審法官還以該案為主題寫了一本書。這位法官葛哈斯（Jean de Coras）是一位出身當地的人文學者，還是地位顯赫的法學博士，曾以拉丁文出書評述民法與教會法。葛哈斯這本書名為《令人難忘的審判》（*Arrest Memorable*），除了簡述該案所有證據、正式答辯詞與判決書，還為前述資料撰寫註解。他說，儘管當事人都是一些鄉農村姑（「地位低下的人」），但這案子並非喜劇而是悲劇。這本書以法文撰寫，出版後六年內歷經五刷，而且在十六世紀末以前，還有各種以法文與拉丁文撰寫的版本問世。[7]

葛哈斯的筆法兼具法律性與文學性，他為馬丹蓋赫一案寫的故事引領我們進入鄉農的隱密內心世界，令人窺見其心緒與抱負。這件奇案對我大有啟發，因為此類精彩爭論有時能帶領我們屏除日常生活的喧囂，找回失落其中的動機與價值。我所企盼的，不外乎是要告訴大家，這則故事中三位年輕村民的經歷雖然帶有冒險成分，卻也與村中鄰人的一般經驗相去不遠；其次，這樁冒名頂替的案子雖然特殊，卻能幫助我們連結上其他更為普遍的創造身分方式。我還想要解答兩個問題：為什麼一個看似只須以通俗小冊子來敘述的故事（的確也有人以這種形式來述說這故事），居然會讓葛哈斯法官為其寫出「一百一十一則精彩註解」？為什麼農夫村姑與富人學者的命運照理說截然不同，為何卻會在這故事中看見雙方竟有著相同命運？

本書的撰寫是奠基於葛哈斯《令人難忘的審判》與勒蘇厄赫（Guillaume Le Sueur）的小手冊《奇聞妙事》（*Admiranda historia*），[8]兩者都出版於一五六一年。《奇聞妙事》是勒蘇厄赫獻給同案另一位承審法官的著作，我們必須視其為獨立文本，因為書中至少有兩處提供了葛哈斯並未收錄於《令人難忘的審判》裡的素材——我已透過比對檔案資料來印證其真實無誤。[9]我用這兩本著作互相補充，只不過在少數幾個兩相衝突的地方，我更傾向於採信葛哈斯法官的說法。這場官司的全部證詞並未流傳於世（一六〇〇年以前土魯斯高等法院的所有刑案證詞皆已佚失），但我仔細瀏覽高等法院的判決登錄簿，尋獲更多關於這案件的資料，也對法官的判案經過和態度有更多瞭解。為了追查與本案相關的農夫村姑，我找遍了公證人為希厄（Rieux）、隆貝（Lombez）兩個主教區所寫的各種契約。儘管這些住在昂代（Hendaye）、阿赫提加、薩亞（Sajas）與布哥斯（Burgos）的男男女女並沒有契約資料可供查找，我還是盡力搜尋那些地區在那個年代的其他史料，試圖藉此重構他們眼中的世界，還有他們對於各類事件會有何反應。我呈獻給各位讀者的這本書，儘管有一部分是出於自己的虛構揣想（invention），但還不至於是妄想，因為我認真傾聽了過去的聲音。

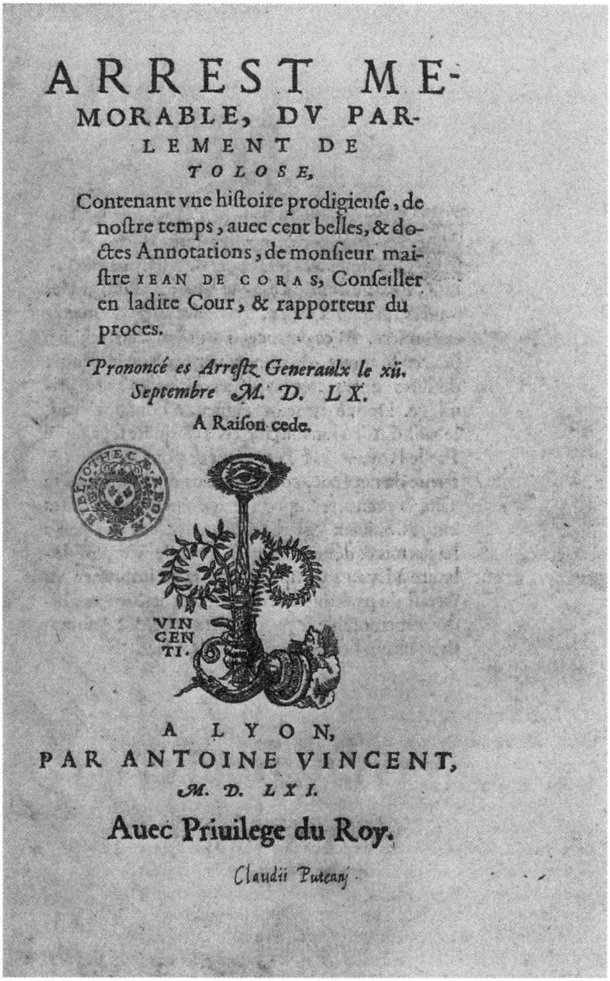
ARREST ME-
MORABLE, DV PAR-
LEMENT DE
TOLOSE,
Contenant vne hiſtoire prodigieuſe, de
noſtre temps, auec cent belles, & do-
ctes Annotations, de monſieur mai-
ſtre IEAN DE CORAS, Conſeiller
en ladite Cour, & rapporteur du
proces.

Prononcé es Arreſtz Generaulx le xii.
Septembre M. D. LX.

A Raiſon cede.

A LYON,
PAR ANTOINE VINCENT,
M. D. LXI.

Auec Priuilege du Roy.

Claudii Puteanj

葛哈斯（Jean de Coras）的《令人難忘的審判》（*Arrest Memorable*），第一版。資料來源：Bibliothèque Nationale。

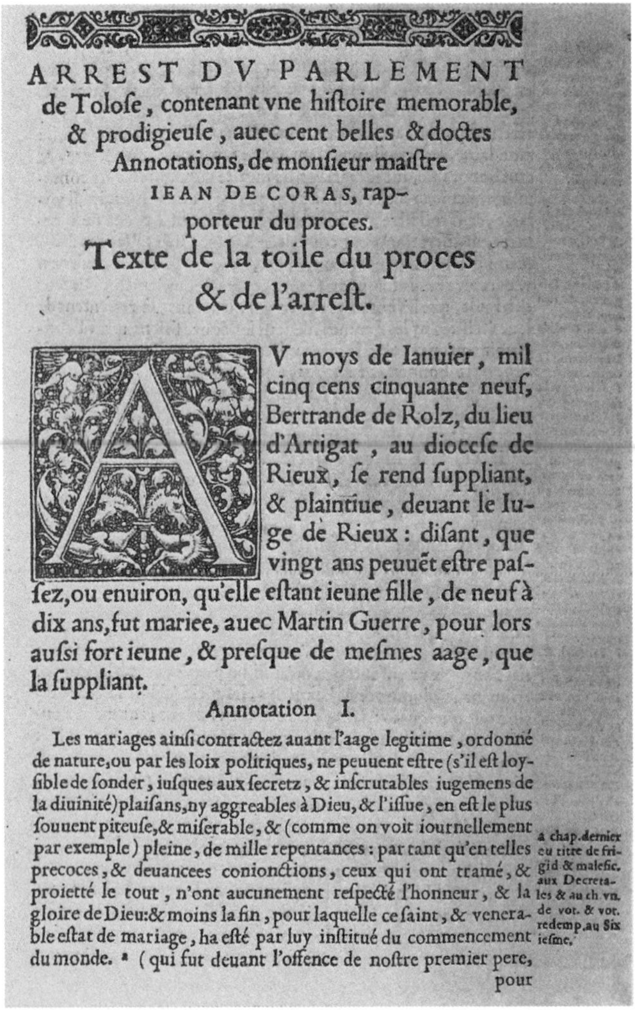

ARREST DV PARLEMENT de Toloſe, contenant vne hiſtoire memorable, & prodigieuſe, auec cent belles & doctes Annotations, de monſieur maiſtre IEAN DE CORAS, rapporteur du proces.

Texte de la toile du proces & de l'arreſt.

AV moys de Ianuier, mil cinq cens cinquante neuf, Bertrande de Rolz, du lieu d'Artigat, au dioceſe de Rieux, ſe rend ſuppliant, & plaintiue, deuant le Iuge de Rieux: diſant, que vingt ans peuuēt eſtre paſſez, ou enuiron, qu'elle eſtant ieune fille, de neuf à dix ans, fut mariee, auec Martin Guerre, pour lors auſsi fort ieune, & preſque de meſmes aage, que la ſuppliant.

Annotation I.

Les mariages ainſi contractez auant l'aage legitime, ordonné de nature, ou par les loix politiques, ne peuuent eſtre (s'il eſt loyſible de ſonder, iuſques aux ſecretz, & inſcrutables iugemens de la diuinité) plaiſans, ny aggreables à Dieu, & l'iſſue, en eſt le plus ſouuent piteuſe, & miſerable, & (comme on voit iournellement par exemple) pleine, de mille repentances: par tant qu'en telles precoces, & deuancees conionctions, ceux qui ont tramé, & proietté le tout, n'ont aucunement reſpecté l'honneur, & la gloire de Dieu: & moins la fin, pour laquelle ce ſaint, & venerable eſtat de mariage, ha eſté par luy inſtitué du commencement du monde. a (qui fut deuant l'offence de noſtre premier pere, pour

a chap. dernier eu titre de frigid & malefic. aux Decretales & au ch. vn. de vot. & vot. redemp. au Sixieſme.

《令人難忘的審判》書中第一頁。資料來源：Bibliothèque Mazarine。

The Return of Martin Guerre

真假丈夫

馬 丹 蓋 赫 返 鄉 記

第一章　從昂代到阿赫提加

一五二七年，法國巴斯克地區的鄉農桑克西．達蓋赫（Sanxi Daguerre）帶著妻子與幼子馬丹，還有弟弟皮耶離鄉背井，把老家家產拋諸腦後，遷居路途有三個禮拜遠的農村，鄰近富瓦地區的一座城鎮。

會這麼做的巴斯克人實在不多。但這倒也不是說拉布赫地區（Labourd）的人都安土重遷，只是說他們若要出遠門，大多是搭上捕鯨船到大西洋去討海，最遠甚至可能航行到北美洲的拉布拉多半島。要是他們決定遷居他方，大多是跨越比達索阿河，前往西班牙所屬的巴斯克鄉野，或是往南朝著西班牙其他地區移動，而不會穿越庇里牛斯山，往北邊的歐洲內陸移動。而且，會往外移民的人通常不是像桑克西這種有資格承繼家產的長兄，而是那些沒辦法或不願意繼續住在祖傳房屋裡的幼弟。巴斯克鄉農非常看重這些家產，因此男性會幫他們繼承的建物冠上自己與妻子的名字，就像後來某位人士針對此現象所說的酸言酸語一樣：「他們會自稱是某某家屋的主人與女主人，哪怕只是一間豬圈。」[1]

但桑克西的房產不是豬圈，而是位於昂代的農舍。昂代是恰好位處法、西邊境上的農村，村子戶數不多，但根據某位曾於一五二八年去過該地的旅人所言，那裡有大片廣袤的公有地。當地生活環境有山有河，離大海也不遠，因此村民除了放羊為生，也會耕地捕魚。農地地質偏向黏土，穀物的話頂多只能種小米，但很適合栽種蘋果樹。達蓋赫兄弟充分利用地利之便，拿黏土來製造磚瓦，算是兼差外快。拉布赫地區營生不易，但至少在某些外人眼裡還是有些優點，除了鄉村風景如詩如畫，外海的捕鯨活動及分紅也是令人感到緊張刺激，大開眼界。當地人無論男女老幼都喜歡在藍海白浪間嬉戲。有人曾在一五二八年表示：「當地人生活無憂無慮……他們笑嘻嘻，喜歡開玩笑也愛跳舞，無論男女都是如此。」[2]

儘管如此，桑克西還是決定要離開昂代。也許是因為當地戰禍連年，因為法國與西班牙長期以來都想把巴斯克地區與該地的納瓦拉王國（Navarre）納入自己的版圖，而法王法蘭索瓦一世與兼任西班牙國王的神聖羅馬帝國皇帝查理五世窮兵黷武，遭殃的自然是前述兩個邊疆地區的人民。一五二三年，神聖羅馬帝國的鐵蹄踏過昂代，肆虐了整個拉布赫地區；一五二四年，瘟疫疫情特別嚴峻；一五二五年，桑克西的第一個小孩馬丹誕生。桑克西會決定離開，可能是與人發生衝突，甚至就是和他父親有著不愉快（如果他父親尚在人世），而巴斯克人一般都尊稱這樣的父輩人物為「房子的老主人」（*echekojaun*）。也許是桑克西的妻子提議搬家，因為巴斯克婦女據說很強勢，有想法絕不會悶在心裡。[3]

無論起因為何，桑克西收拾家當，帶著妻小及尚未娶妻的弟弟離開故鄉。他沒辦法把祖產處理掉，只能留待馬丹日後回去繼承。就算他想變賣祖產也不容易，因為根據拉布赫地區的「規約」（當地稱為*Fors*），除非是有萬不得已的苦衷，任誰都不能讓祖產易手——而且就算必須處理，也得要其他利害相關的親戚同意。[4]如果是靠自己營生而獲得的財產（當地稱為*acquêts*），那任誰想要怎樣處理都可以，而在這方面桑克西的條件還不錯，有足夠的個人財物讓他足以在即將移居的村子安家立業。

達蓋赫一家沿著往東的大路移動，路上人車雜沓。他們經過的區域自古以來就是庇里牛斯山人與平原地區居民交易頻繁之地，此時當地經濟更因土魯斯扮演的集散地角色越來越重要而快速發展起來。[5]在他們即將面對的新生活中，薩韋河與阿列日河是兩條重要疆界，人們推著一車車粉彩色球狀染料沿著兩條河前往土魯斯的染坊，同樣裝在推車裡的還有羊毛，或粗糙或細緻的羊毛製品、原木、穀物、葡萄與水果。桑克西與家人在路上肯定看見許多要去趕集或要前往市場的商賈小販。牧民趕著牛群、羊群到山上去過夏天，或是為了避寒而南下，最遠可達土魯斯與帕米耶（Pamiers）的平原區。至於虔誠的教徒們則是正要踏上走來並不輕鬆的朝聖之路，前往孔波斯特拉（Compostela）去朝拜當時仍很受歡迎的耶穌門徒聖雅各陵墓。一路上也會見到許多年輕鄉農離開村莊，前往土魯斯等地的市街。最後他們一家在阿赫提加落腳，那是庇里牛斯山山麓大片平原區上的農村，從帕米耶騎馬只要幾小時就能抵達。

若與東邊的阿列日河或西邊的加龍河相較，穿越阿赫提加村的列茲河只能算是一條小河，但有時水勢還是猛烈到足以溢出兩邊河岸，毀掉村民的農地。在列茲河兩岸土地上及周遭山區生活的，大約有六七十戶農家，他們種植著桑克西與皮耶兄弟倆比較熟悉的小米，其他作物還包括小麥、燕麥與葡萄，另外也會放養乳牛、山羊，尤其是綿羊。村子裡有幾位工匠，包括鐵匠、磨坊主人、鞋匠與裁縫各一位，也許還有些人靠紡織營生——至少附近小鎮勒佛薩（Le Fossat）肯定如此。村子偶爾會有市集，而村裡邦蓋勒家族

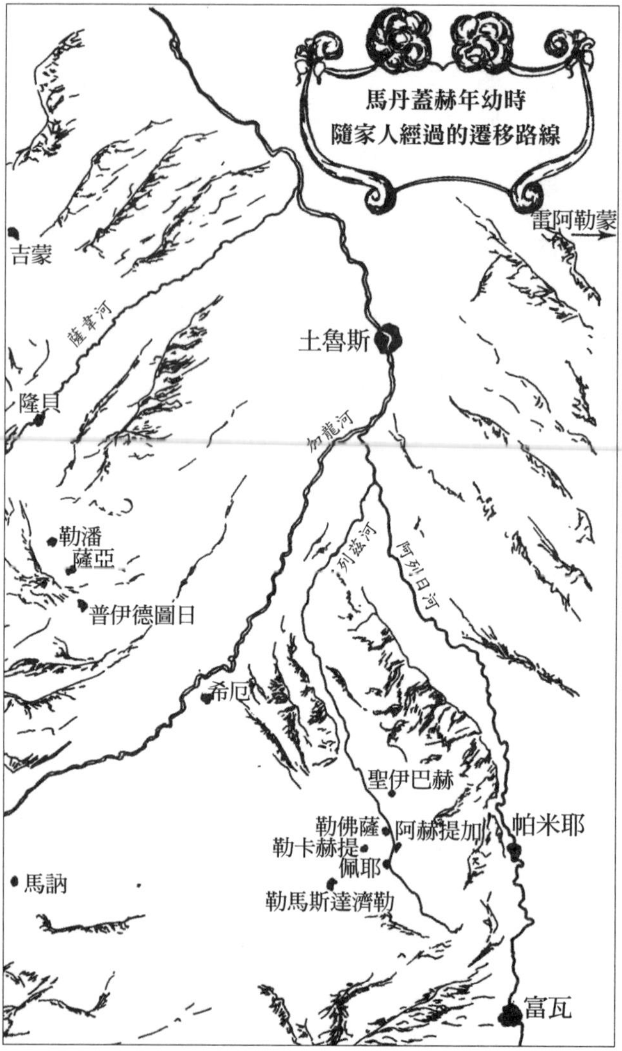
馬丹蓋赫年幼時
隨家人經過的遷移路線
雷阿勒蒙
吉蒙
薩韋河
土魯斯
隆貝
加龍河
勒潘
薩亞
普伊德圖日
列茲河
阿列日河
希尼
聖伊巴赫
勒佛薩
阿赫提加
帕米耶
勒卡赫提
佩耶
馬訥
勒馬斯達濟勒
富瓦

（Banquels）甚至以商人自居，不過曾於中世紀固定舉行的阿赫提加集市早已是過往雲煙，因此當地人若要做生意大多是去勒佛薩。最晚到了一五六二年，阿赫提加村開始有一位自己的常駐公證人，但來自勒佛薩的公證人依舊時常會到村民家中拜訪，幫忙撰寫契約。[6]

桑克西一家很快就看出，阿赫提加與鄰近村莊、小鎮之間的經濟往來十分熱絡。最重要的互動對象，莫過於列茲河上游不遠處的村莊佩耶（Pailhès），還有上游處的勒佛薩，以及位於西邊的小小山城勒卡赫拉（Le Carla）。為了交易，村民有時也會前往列茲河下游地區，最遠來到聖伊巴赫村（Saint-Ybars），或是往東到帕米耶市，也可以往西南到庇里牛斯山區的小鎮勒馬斯達濟勒（Le Mas-d'Azil）。阿赫提加村的邦蓋勒家族把一匹母馬租給佩耶村的某位村農，時間長達六年；勒佛薩鎮某個商人把幾頭閹牛租給勒卡赫拉城的兩位農場主人，約定以穀物當作租金，會在九月舉行的帕米耶集市上交租。阿赫提加村的傑安諾養了一群西班牙綿羊，每年冬天到勒佛薩鎮去簽訂羊毛的買賣契約，對方總是當下付款，他則是會在隔年五月帶著羊毛回去。其他人則是把羊毛賣給帕米耶市的商人。勒卡赫拉城某個牧羊人曾與一位勒佛薩鎮的商人訂下協議（在奧克語裡面稱之為*gasailhe*）：商人交付三十隻母羊給他負責餵養放牧，隨後將羊群「趕上山」的支出由雙方分攤，最後利潤則是對半分享。佩耶村的詹姆・洛茲（James Loze）與帕米耶市某位商人共有五十二頭母羊，成本由兩人一起支付，利潤共享，剪下羊毛後拿去帕米耶市換成鹽巴，再運回佩耶村販售。穀物與葡萄酒也在這個地區裡進行交易，可以當成實物租金，或者是由鄉農拿去勒佛薩鎮與帕米耶市販售。[7]

有些村莊與城鎮之間的交易也會在拉布赫進行，但照理說達蓋赫一家人對於這忙碌的小小世界應該不會太感陌生。這裡與巴斯克地區的唯一差異在於，無論是透過繼承或買賣，土地所有權易手的方式不大一樣。在庇里牛斯山山腳下的這個平原地區，一般人並不會刻意保持家族財產的完整性。從阿赫提加村那一帶人士所立的遺囑看來，家產很少只留給某個孩子，而是會為女兒提供嫁妝，其餘則由兒子們均分，就算五子之家也不例外。（若是只有女兒，那也是由女兒均分。）有些情況是，兄弟倆或舅子與姊夫（抑或是妹婿）會決定一起耕種田地；有時則是某個兄弟離開村莊時就把自己的土地持份轉讓給另一位繼承人；但透過十七世紀阿赫提加村的地籍清冊，我們可以發現最常見的情形就是繼承人均分土地，然後比鄰而居。兩個地區的家戶若由兩代夫妻組成，往往也會有不同的組成結構：在巴斯克，往往是老一輩的繼承人與年輕的繼承人同住；在阿赫提加，家戶中則是會有鰥父或寡母（通常是寡母）與某個已經結婚的小孩。[8]

因為情況與拉布赫地區不同，阿赫提加村附近地區相對容易把繼承而來的家產變賣。有紀錄顯示勒佛薩鎮的某位神父把名下果園賣給一個商人，理由是過去八年來他都得要奉養雙親，現在錢不夠了。村人巴斯勒以三十五里弗*的

---

* 譯註：里弗（livre），法國古代貨幣的計量單位。

低價把「已故父親老巴斯勒的第四部分動產與繼承權」賣給附近小村村民。加勒戴霍家的兄弟們也把名下土地裡的六舍提（略少於三英畝）出售，買主是來自勒馬斯達濟勒鎮，正要遷居阿赫提加村的葛侯斯家兄弟。[9]

儘管列茲河流域的農夫不時會把世襲財產出售，這並不意味他們不重視自己的土地。整個阿赫提加村的各個地區都冠上了各家族名號，像是村莊中心不遠處的「邦蓋勒」、西邊的「荷爾」、靠近列茲河畔的「勒富斯提耶」（磨坊主人勒富斯提耶就住在那裡）。無論是耕地、葡萄園或牧草地，都冠上了姓氏，像是「阿拉普拉克」、「阿勒索布」、「雷桑普赫」、「阿勒卡塔拉」、「拉巴赫達斯」，而獲得這些土地的村農有時就用土地的稱號來當自己的別名。[10]

當然，若是與達蓋赫家的故鄉昂代村相較，阿赫提加村土地與家族之間的關聯可能受到村子裡社經結構的更深遠影響。位於社會階層頂端的是類似邦蓋勒這種富貴世家。其次則是荷爾家，這個家族名下多塊土地遍布於整個阿赫提加村，有些由自家耕種，有些則出租給別的農家，租金定額，或可用某個比例的收成給付。因為每年向希厄的主教繳納權利金，這些世家有權從神職人員的聖俸裡面抽取稅金，而且他們也主導著阿赫提加村教會的教區兄弟會。世家也與領主之外的上流家族過從甚密，例如佩耶村的洛茲家，還有經營農產品貿易與製鞋生意的勒佛薩鎮波厄熙家，以及聖伊巴赫村的公證人居佛。與前述阿赫提加村精英階層形成對照的，是名下雖有十六舍提農地卻不足以讓自己溫飽並好好養育六個小孩的貝赫納夫妻，還有每當日子不好過時就得跟別人借葡萄酒與穀物的牧羊人傑安諾，以及用部分收成來繳納租金的佃農佛赫家兄弟——他們遲繳很久，結果被地主一狀告上法院。[11]

至少，阿赫提加村的居民不須繳納莊園稅，也不必為任何領主的莊園服勞役。他們可以自由擁有土地，任其處分，不受限制，而他們也對這一點感到自豪。至少在過去一百年來，村子裡已經沒有貴族土地了。有個叫做戴斯寇納博夫（Jean d'Escornebeuf）的領主，來自於阿赫提加村西邊不遠處的拉奴（Lanoux），他在達蓋赫家來到阿赫提加不久後於村裡購買土地，只不過他跟村農一樣也得繳納土地稅。村子裡的所有行政組織若不是由該地區管轄就是直屬於國王，而能夠代表王權的首推國王指派到希厄的法官（從阿赫提加村騎馬到那裡只要幾個小時），接著是土魯斯的行政首長，而若有必要上訴則是歸土魯斯的高等法院管轄。職級最低的是由阿赫提加村權貴擔任的三四位村辦事處幹事，他們頭戴紅白相間兜帽，每年由希厄的法官任命。幹事負責掌管農業事務，例如公地（只不過阿赫提加村的公地面積不大），還有冬天開始收割的日期。他們也負責死後財產之監護、開列財產清單、財物之拍賣。此外，若村子裡有人以造假的斤兩或尺寸進行訛詐而發生爭議，或是因褻瀆神明、打架鬥毆而擾亂公共秩序，也由他們裁決該如何處置。幹事也不時會召集男性村民進行集會。[12]

這一切肯定吸引了達蓋赫家，因為他們就是成長於領主權力式微的地區（儘管貴族般的烏特比家族變得權勢越來越大），當地教區民眾若因共同需求而希望制定法令也可以自由集會。如果達蓋赫一家人定居的地點是上游不遠處的佩耶村，那他們隨後的遭遇恐怕又會大不相同，因為佩耶領主維勒穆赫家族的城堡就坐落在那裡（富瓦城堡也歸他們管轄）。[13] 要是當地領主或其代理人大權在握，有辦法介入，也就不會任由馬丹蓋赫這種奇案發生。就是在這種社會環境下，阿赫提加的村民們過著相對自由的生活，大部分時間都只需要應付鄰里間的流言蜚語及來自其他村民的壓力。

除了享有這種獨特的自由外，阿赫提加人還具有相當流動與混雜的身分認同。就語言來講，阿赫提加介於加斯柯尼語及奧克語之間，而這兩種語言有不同鼻音字母，發滑音的方式也不同。就地理位置而言，雖說阿赫提加村屬於富瓦地區，卻與佩耶等其他幾座村莊歸朗格多克地區的政府管轄。儘管鄰近佩耶村，也就是佩耶教區的所在地，但阿赫提加村卻隸屬於距離比較遠的希厄教區。阿赫提加的主要教堂是聖瑟南教堂，負責任命教堂牧師的是聖艾蒂安大教堂的神父們，而這座大教堂則是位於比希厄更遠的土魯斯。阿赫提加教區轄下小教區巴茹的助理司祭也是由土魯斯某個教會分會來任命。在外人眼裡，阿赫提加的村民可能會因為身為農夫、牧人、訴訟當事人及天主教徒等各種不同身分，而被劃歸為不同地區的居民，像是加斯柯尼人、「富瓦人」或朗格多克人。[14]

達蓋赫一家人就這樣遷居阿赫提加村，在列茲河東岸落腳，取得土地後又蓋了一座磚瓦工廠（也許是購得別人的世襲土地），做起了以往在昂代的老本行。兄弟倆至少有一段時間還沒分家，家業興旺——就像勒蘇厄赫後來在《奇聞妙事》這本小手冊裡所說：「就小康之家來講，他們算是過得相當舒適。」在通往巴茹的山丘地上，達蓋赫家的土地與產業逐漸增多，除了磚瓦，還有小麥、小米、葡萄園等農產品，也養了綿羊。[15]

為了融入阿赫提加村，他們必須遵循一些朗格多克的習俗，包括把姓氏從達蓋赫改成了蓋赫。弟弟的名字原本有可能是巴斯克語裡的貝特里桑茲或佩特里，搬來後才改成皮耶。桑克西的妻子也許還是跟以前一樣把裝有穀物的籃子頂在頭上，但為了配合鄰家婦女的風格，她必須更改髮飾與裙上飾品的樣式。她還必須習慣的是，在這裡參加教區彌撒儀式時，女人不會搶在男人前整理祭品，不會為了幫教會收取捐款而在教堂裡四處走動，也不會幫忙看守聖器。[16]

全家人的奧克語變得更流利了，也比以往在昂代時更習慣在生活上寫字。葛哈斯法官在《令人難忘的審判》一書中寫道：「巴斯克語實在是太含糊難懂，以至於許多人都覺得無法用書面文字來表達。」然而，其實早在一五四五年就已經有一本巴斯克文詩集在波爾多出版，只是在拉布赫地區的行政紀錄文件及契約向來都是用加斯柯尼文或法文寫成。過去在老家，蓋赫一家人做生意時應該都是講巴斯克語、西班牙語或加斯柯尼語。如今搬到阿列日河與加龍河之間的地區，做生意簽約時還是可以講原本的語言，因為往往會有公正人幫忙形諸於文字。該地許多小型市鎮裡總有公證人，即便在法國國王於一五三九年下達《維萊—科特雷敕令》（Edict of Villers-Cotterêts），強制規定法令、合約都以法文書寫以前，這些公證人就已開始用法文幫民眾起草契約，行文間偶爾會使用奧克語的詞彙與拼寫方式。即便如此，為了記簡單的帳，蓋赫一家人還是學會了一些書寫技巧。只是他們跟大多數阿赫提加村民一樣，未曾在契約上署名，而且也可能不識字。事實上，就算他們想學，阿赫提加也沒有學校老師可以教。[17]

就在蓋赫家漸漸於阿赫提加扎根之際，家族人口也增多了。桑克西的妻子又多生了幾個孩子，其中有四個女兒安然度過容易病死與意外猝死的嬰兒階段。皮耶蓋赫自己也娶了妻子，娶妻後遵循巴斯克人傳統，跟哥哥桑克西一家分開住，似乎是搬往不遠處的另一間房子。照理說兄弟倆也採取了一些分割家產的措施。後來到了一五三八年，桑克西的獨子馬丹蓋赫立了一紙婚約，這也顯示出過去十一年他們在阿赫提加村的社會的確有所提升：因為馬丹蓋赫結婚的對象是貝彤黛，她來自於列茲河西岸的望族荷爾家。

從貝彤黛的父親願意接納這門婚事看來，阿赫提加村在那個年代對於新住民抱持相對開放的態度。另一個例子是從西南方市鎮勒馬斯達濟勒搬過來的葛侯斯家，他們不但事業有成，與另一個望族邦蓋勒家交好，還有幾位成員獲選為村幹事。阿赫提加村有許多婚約流傳至今，新郎與新娘有時像馬丹與貝彤黛那樣是來自同一個教區，但免不了會有一些新娘或新郎是來自於比較遠的地方。例如，邦蓋勒家的珍就嫁給了聖伊巴赫村居佛家的菲利浦，還有來自庫瑟杭主教教區轄下一座村莊的某位年輕新娘，在婚後帶著母親住進阿赫提加村民波赫德納夫家裡。儘管巴斯克比前述地區更遠，但在希厄教區仍可以見到自巴斯克的移民。例如在橫跨加龍河南北兩岸的帕拉米尼村（Palaminy）就住著蓋拉與妻子達巴迪亞，當時人可以從姓氏一眼看出他們是道地的巴斯克人。阿赫提加村的加希夫婦也可能是來自拉布赫地區的移民。[18]

從婚約紀錄可以看出，荷爾家的新娘貝彤黛與蓋赫家的新郎馬丹都特別早婚。若我們熟知人口史，大概會推測兩人結婚時至少約十八或十九歲，但馬丹卻只有十四歲，而貝彤黛如果真像她後來陳述時所說的那般年輕，* 那麼她根本就還沒到《教會法》所規定的法定結婚年齡。然而，荷爾家與蓋赫家非常期待能透過這樁婚事建立起緊密關係，當地人出身的阿赫提加助理司祭雅克·波厄熙（Jacques Boëri）顯然也沒有阻撓他們。就像勒蘇厄赫在《奇聞妙事》的評論：「不是只有王侯殷切企盼繁衍子嗣，即便村夫鄉紳也是如此，所以他們才會特意為年幼的子女安排這樁婚事。」[19]

如果兩人能順利誕下子嗣，那麼在財貨交易等事務的合作互助上自然是水到渠成。蓋赫家的磚瓦工廠也許對荷爾家來講很重要，而因為蓋赫家有好幾位女兒，自然也想將貝彤黛的兄弟招為女婿。貝彤黛與馬丹的那一紙婚約並未流傳至今，但我們可以透過其他仍存在的大量婚約推想其內容。在阿列日河與加龍河之間的這個地區，農家子女結婚一般不會以土地當作聘禮或嫁妝。隨後我們將會看到，當地人都是以生前餽贈的方式（或透過遺囑）分給兒子們。女兒在出嫁時可以獲得一筆錢當嫁妝，有時金額相當於一座葡萄園或一塊農地的售價。若是家境比較普通的人家，嫁妝可以分好幾年給付；如果父母比較有錢，就會一次全部贈與新人。某些比較少見的案例，父母甚至還會多給一小塊土地：荷爾家把幼女貝彤黛嫁出去時的嫁妝就是這種。除了讓她帶著五十到一百五十里弗的現金出嫁（在城裡只能算是一點小禮，但對鄉村而言可說是相當闊綽），也送給夫家一座位於列茲河以西的代勒布哈葡萄園。（這座葡萄園緊鄰著荷爾家的好幾塊土地，稍後在十六世紀時也名列蓋赫家的財產清冊裡。）除此之外，這個地區常見的陪嫁品還包括各種家用品及服飾：附帶羽毛枕頭的床鋪、亞麻與羊毛被單、床罩、一個附帶鎖頭與鑰匙的錢櫃，還有兩三套不同顏色的服裝。[20]

---

* 貝彤黛曾在希厄的法官面前抱怨道：「當年她才九到十歲大就嫁給了馬丹蓋赫，而馬丹自己也還年幼，與本案求赦者〔指冒充馬丹的居提勒〕的年紀大致相當。」(Jean de Coras, *Arrest Memorable du Parlement de Tholose* ... [Paris, 1572], p.1.）不過，法院在一五六〇年審案時馬丹蓋赫應該是三十五歲（同上，頁七十六），而根據他與貝彤黛一起生活的年數等相關證詞來推斷，兩人成婚時他應該是接近十四歲。如此算來，當時貝彤黛很可能也是進入青春期了。

兩位幼小的新人在阿赫提加教堂成親，那裡也是貝彤黛祖父安德荷與其他先人的埋骨之處。隨後，參加婚禮的賓客一起走回桑克西家。依據巴斯克人傳統，婚後新人將會跟公公與公婆住在同一個屋簷下。晚宴結束後，眾人陪伴新郎新娘走回洞房。到了午夜，村裡年輕人衝進去鬧洞房，帶頭的是阿赫提加村助理司祭的親戚凱薩琳・波厄熙。她為新人帶來一種藥酒「助性」，酒裡面添加了大量藥草與香料（當地人稱 *resveil*），據說能確保新婚夫婦倆努力「造人」，往後兒女成群。[21]

第二章　苦悶青年馬丹蓋赫

結果兩位新人的洞房花燭夜有怎樣嗎？看來什麼事都沒發生，而且不只那一晚，往後八年都是如此。原來馬丹蓋赫不舉，據說是因為這對新婚夫妻「遭人下咒」。[1]

這應該不是馬丹蓋赫第一次遭逢霉運。這位男孩離鄉背井，從拉布赫來到阿赫提加，成長過程可能沒那麼順遂。首先是各種語言把他搞得昏頭轉向：他父母除了會講巴斯克語，還有口音濃厚的奧克語，再來就是他去磚瓦工廠、去田裡收割或者去望彌撒時聽到的當地語言。儘管蓋赫家的長輩抱怨當地小孩會到田裡偷摘葡萄，但馬丹有時候肯定還是獲准與他們一起遊玩。

馬丹這個名字想必常常遭人嘲弄，這個名字過去在故鄉昂代十分常見，但來到阿赫提加的這些年，大多數男生都是名喚耶翰、阿赫諾、耶姆、安德侯、威廉、安端、佩伊還有貝赫納，馬丹這個名字聽起來就十分奇怪——儘管附近有個教區就叫做馬丹，但這名字聽在當地人耳裡就是不習慣。有誰會用馬丹當名字呢？大多是村農養的牲畜，例如驢子，或者是山裡的那頭熊，牧羊人可能會根據當地傳統稱呼牠為馬丹。[2]

身為蓋赫家的少主人，馬丹要面對的強勢男性不只一位，而是兩位，而且兩位都性格剛烈。馬丹家裡可說是陰盛陽衰，除了他四個妹妹（其中一位名叫珍），叔叔皮耶家裡還有幾位堂妹，總之兩家都是一些小姑娘。就在馬丹遮陰布後的器官才剛開始「轉大人」的時候，他的生命中又出現了另一位小姑娘，那就是貝彤黛。

圓房這檔事會有多難？桑克西或許會這麼想，但他恐怕是高估兒子的性能力。阿赫提加的村民也可能覺得馬丹這位少年人不該早婚，一來是因為他根本就還不具備養家活口的經濟能力與判斷力，二來則是根據十六世紀歐洲人的觀念，才十來歲的他「體液」還太稀薄幼弱，身體無法製造出剛強的精液。唯有等到男孩長出陰毛，肉體才自然而然會開始對那檔事有所反應。總而言之，到時候就會變成充滿陽剛氣概的男子漢，有些人的反應甚至會強烈到無法克制。

有段時間，馬丹與家人可能還抱有一線希望，覺得不舉的問題假以時日就會自動消失。巴斯克人甚至還有個奇特風俗，允許年輕人「在正式結婚前可以與他們的女人……試婚」，或許我們可以說這試婚期就是要讓雙方嘗試一下，看看是否在那方面能夠水乳交融。馬丹逐漸變成一位瘦瘦高高的少年郎，跟尋常巴斯克青年一樣敏捷，而且不但擅長那種流行於鄉間的擊劍比賽，追趕跑跳碰等各方面的運動也都不是問題。至於貝彤黛也出落得亭亭玉立，所以後來葛哈斯法官用來描繪她的第一個形容詞就是「美貌出眾」。但他們還是沒圓房，於是貝彤黛的家人催促她與馬丹離異。既然沒有圓房，根據當時《教會法》規定，三年後她就能要求解除婚姻關係恢復自由之身，另覓良緣。[3]

對村民而言，這情況實在丟人現眼，因此村民們也毫不隱瞞地讓新人知道。在當時，若婚後一段時間人太的肚子沒有消息，那就會被刻意針對，以帕米耶地區所謂的「喧鬧遊行」活動伺候。跟馬丹一起擊劍、打拳的年輕人肯定會把臉塗黑、穿上女裝再聚集在蓋赫家前敲鑼打鼓，擊打酒甕或用刀劍互相敲打，製造噪音。[4]遇到這種事實在是有辱門風。

馬丹被下了咒。後來根據貝彤黛的證詞，他們倆是受到「女巫魔咒……束縛」才沒辦法圓房。若不是那位女巫嫉妒蓋赫家的財富及他們能與荷爾氏這種世家聯姻，就是女巫受到心懷嫉妒者委託（委託者男女皆有可能）才會下此毒手。（現代丈夫不舉的問題往往會被歸咎於妻子太過強勢或挑剔，但在十六世紀，人們通常認為起因是女性第三者藉由巫術從中作梗。）由於拉布赫與富瓦這兩個地區都有民俗療法的傳統，小倆口肯定不止一次找上當地的女智者*諮詢。歷經八年磨難後，終於有位老婦「突然像天使下凡般出現」，告訴他們該怎樣解除魔咒。他們參與了四次由神父主持的彌撒儀式，吃下聖餅與特製糕點。終於，馬丹完成了圓房任務，貝彤黛也立刻懷孕，隨後誕下男嬰，在受洗典禮上為這個嬰孩取了一個充滿巴斯克風情的名字——跟祖父一樣名叫桑克西。

不過，初為人父的喜悅並沒有讓馬丹高興太久。我們當然無法窺見他的內心世界，但光從接下來十二年內他怎樣過日子，大概就能猜出個十之八九。馬丹喜歡跟其他青年一起擊劍與鍛鍊體能，但除此之外阿赫提加這個地方實在讓他提不起勁。雖然解決了長年不舉的問題，但性生活還不是很穩定，還有蓋赫家的姊妹們即將一一出嫁，再加上他身為家產繼承人的身分（如今因為小桑克西誕生而更加穩固），這一切全都讓他煩悶。在這巴斯克人家中，老主人桑克西與少主人馬丹之間的關係就算不到惡劣，最多也只算得上是冷淡疏離而已。桑克西是個嚴父，我們因此不難想像逆子馬丹會怎樣與他相處。

* 譯註：指通曉草藥療法、巫術、民俗的女性。

研究人口史的學者往往認為農民遷徙的理由就只有一個：為了到別的地方討生活。但從蓋赫家的例子來看，這種想法大有問題。在馬丹的日常生活中，舉目所及只有一片片小米田、磚瓦工廠、土地家產及家人們的平淡婚姻，這一切在他看來都只是對他的束縛。他無疑有過外出遊歷的經驗，例如東遊帕米耶去接受堅振禮，也曾離開阿赫提加村幾次，還去過薩拉河畔的小城馬訥（Mane），甚至與當地某位旅館老闆成為朋友。[6] 但每次出遊過後，總是得回到阿赫提加。農村社會的確有些辦法能為年輕人提供一點喘息空間（儘管並非長久之計），至少能讓他們體面地暫時逃離家庭生活的種種束縛。在巴斯克地區，他們可以出海航行與捕鯨，而且馬丹肯定也曾聽叔父與父母轉述過這種海上人生。至於庇里牛斯山與山下的平原地區，則是有年輕的牧人們跟著牛羊逐水草而居，就像學者勒華拉杜里以精彩筆觸描繪蒙大猶村的那位莫里一樣。[7] 由於蓋赫家已經遷居富瓦這個內陸地區，討海對於馬丹來講已非可行選擇；至於牧羊，由於蓋赫家在阿赫提加已算是望族，也與馬丹的社會地位不符。在列茲河谷地區，那些「上山牧羊」的男性牧人自由自在，絲毫不受農務、貿易或其他事務的束縛。

那麼，還有其他方法可以離鄉背井嗎？勒佛薩鎮有一所學校，先前波厄熙家的小少爺多米尼克就曾去那裡求學，後來又去讀大學，拿到法律學士學位。此外，法王法蘭索瓦一世正在各地廣徵樂隊及軍隊成員，因此也可以去朗格多克應徵。當年馬丹一家還在拉布赫時，就有一些達蓋赫同宗加入法王的陸軍部隊。軍旅生涯令人嚮往，就連某位在勒馬斯達濟勒鎮執業的顯赫公證人也在他的登記簿上畫了好幾張士兵畫像。西班牙也是另一個吸引人的選項，每年都會有希厄主教區的居民動身前往。聖伊巴赫村的德希厄就說他「已經下定決心要到西班牙謀生」，動身前還立下遺囑，萬一不幸身故就把財產留給姊妹。出身拉奴的彭凱斯則是帶著妻子遷居巴塞隆納，但也有人想成婚後再孤身前往西班牙闖蕩，因此在婚約中把食宿方面的待遇寫清楚，要父母好好照顧妻子。[8]

桑克西自然不可能允許他兒子馬丹選擇前述任何一條路。但到了一五四八年，就在襁褓中的小桑克西才幾個月大，馬丹本人二十四歲時發生了一件事，讓蓋赫家老主人的決定變得無關緊要，因為無論他是否同意，他兒子都沒法再待下去。什麼事？原來是馬丹「竊取了」父親的少量穀物。考慮到馬丹在婚後還是跟父母同住，這竊取穀物之事或許反映出蓋赫家一老一少兩位主人的掌控權之爭。但根據巴斯克人的規矩，這類盜竊行徑無論如何都不可饒恕，發生在家裡更無法獲得原諒。日後十七世紀初的德朗克法官就曾寫道：「巴斯克人誠實無欺，他們認為人是出於靈魂墮落才會偷東西，因此小偷是低賤可鄙的。偷竊行徑反映出有損人格的貧賤狀態。」馬丹蓋赫發現自己正置身於這般尷尬處境，「由於害怕父親以嚴厲手法處置」，他便把家產、父母、還在襁褓中的兒子及妻子都拋諸腦後，逕自離家出走，多年來音信杳然。[9]

* * *

登記簿上的士兵畫像，約一五四五年。資料來源：Archives départementales de l'Ariège, 5E6220。

離家後，馬丹蓋赫是否循著父親二十年前的來時路，回去探訪位於拉布赫的故里？這是個很有趣的問題。他是否仍具備繼承人身分已有爭議，因此他可能不會想要跟達蓋赫家的堂兄弟見面，更何況他也怕自身行蹤會被洩露給遠在阿赫提加的家人。不過，我想他應該回去過自己的出生地，也會去昂代的岸邊欣賞洶湧海景。可以確定的是，他肯定是越過庇里牛斯山前往西班牙，學會了卡斯提爾語，最後在布哥斯落腳，於樞機主教方濟各·曼德薩（Francisco de Mendoza）的宅邸裡當起隨扈。[10]

一五五〇年的布哥斯是個熱鬧繁榮的城市，人口大約一萬九千，當時仍是卡斯提爾王國最重要的商業樞紐。除了是羊毛集散地，想要去孔波斯特拉的朝聖者也都會在那裡歇息。方濟各樞機就是在這一年開始銜命主持當地雄偉的主教座堂。這位樞機是一個人文主義學者，早在一五四四年就被任命為樞機主教，先前的駐地是西班牙的科里亞。天主教的第一次特倫托會議召開期間，他站在支持神聖羅馬帝國皇帝查理五世的那一方。因為參與教廷與查理五世的高層政治活動，方濟各樞機曾在義大利待了好幾年。一五五〇年八月，方濟各派自家兄弟佩德羅把他獲得任命為大教堂主教的文件送往布哥斯，而佩德羅則是西班牙聖地牙哥騎士團的騎士暨西班牙陸軍將領。由於方濟各樞機暫時無法赴任，他應該也把管理主教宮殿種種庶務的大權交給佩德羅，藉此確保他不在時一切都能運作得有條不紊。[11]

來自阿赫提加的鄉農馬丹蓋赫，肯定就是在主教宮殿擔任隨扈。*他雖然仍只是小人物，但周遭到處都是顯貴要員、尊貴的主教座堂教士團成員、

* 葛哈斯法官在書中寫道：「馬丹蓋赫年紀輕輕就去西班牙闖蕩，先後當了布哥斯樞機主教與其兄弟的隨扈。」（頁一三七）直到一五五七年九月，方濟各樞機才去布哥斯就職，而此時馬丹已先一步離開。我想，在方濟各樞機抵達布哥斯以前，馬丹應該就已經在主教宮殿裡擔任隨扈。我甚至認為，在主教於羅馬及西恩納（Siena）居留期間，馬丹蓋赫應該就是他家裡的僕人，因此也可能見識過更多新奇事物。不過，無論是葛哈斯法官或勒蘇厄赫都沒在書中提及馬丹曾待過義大利。因為生性敏捷活潑，巴斯克人在十六世紀曾是頗受各界雇主歡迎的隨扈人選。拉伯雷所著小說《巨人傳》裡面的主角就有個巴斯克人隨扈，至於蒙田則是曾提及巴斯克人性喜流浪他方。（參閱《巨人傳》第二十八章、蒙田《隨筆集》第三冊第十三章。）

來自布哥斯市政府的富商大賈、剛來到布哥斯的耶穌會士，還有其他在主教家裡進出的各方人士。以往他只在巴茹與阿赫提加見識過教區的彌撒儀式，如今主教座堂的種種繁文縟節肯定讓他大開眼界。他帶著配劍走在熙來攘往的城市街道，配發隨扈制服給他的曼德薩家族則是西班牙最顯赫的世家之一。我們不禁要問，難道他還會後悔離開阿赫提加村，甚或對神父告解，把自己的身世全盤托出？

或許是因為方濟各的兄弟佩德羅注意到馬丹的體魄強健，後來就把他納入麾下，把他帶到西班牙的部隊去當自己的親兵。隨後，因為西班牙國王菲利浦二世在法蘭德斯的聖康坦（Saint-Quentin）與法國人開戰，馬丹也隨軍出征。但這樣一來他豈不是犯下背叛法國的死罪？也許他腦海裡根本沒閃過這個念頭。但話說回來，他應該也沒想過自己會因為這種機緣而回到法國吧？

馬丹有可能跟隨主子佩德羅在西班牙的輕騎兵或步兵單位服役，但無論隸屬於哪支部隊，在西班牙砲轟法國城鎮皮卡（Picard）的頭幾天，他應該都毫髮無傷。到了一五五七年八月十日，也就是聖勞倫斯節當天，西班牙部隊攻入城裡，不但擊潰與洗劫前來解救圍城危機的法軍，也殺害皮卡城總管的許多手下，將不少人擄走當戰俘。某位西班牙軍官在日記中以洋洋得意的語氣寫道：「我們擄獲大量戰利品、武器、馬匹、金鍊、銀子等物品」。佩德羅抓了兩名戰俘，用他們換取三百埃居*的贖金。至於馬丹蓋赫則是不幸遭法軍火繩槍擊中腿部，因為傷勢過重而不得不截肢。從此以後，他再也不是那個身手矯捷的馬丹了。[12]

* 譯註：埃居（écu），法國古代金製硬幣，一埃居約相當於一百五十里弗。

第三章　矜持的貝彤黛

馬丹蓋赫離家踏上冒險旅程之際，妻子貝彤黛芳齡不過二十二。這位「婷婷玉立的少婦」對於自己過去的婚姻生活或許也有些許遺憾。

根據史料顯示，貝彤黛與至少一位兄弟度過童年，而且與母系親戚比較親近，她也學會了織工及一般女性會做的差事。阿赫提加與附近農村的女孩有時候會在父母指派下到其他家庭幫傭，例如勒佛薩鎮鎮就有個商人妻子留了幾件洋裝給她那位來自阿赫提加的女僕。不過貝彤黛因為出身世家，所以她這種女孩一般都是在家裡幫忙操持家務，直到出嫁。[1]

阿赫提加村的女孩通常都有機會體驗男孩們的追求，像是在聖母升天日

農民舞蹈，由雷維帝（Georges Reverdy）於一五五五年左右繪製。資料來源：Bibliothèque Nationale, Cabinet des Estampes。

的節慶活動，在悠揚的小提琴樂音中跟村裡小伙子一起跳舞。但貝彤黛完全沒有歷經這類體驗就已經嫁給馬丹蓋赫。可能她在出嫁時就已經開始「綻放花朵」（當年人們對於月經來潮的代稱），否則雙方家長也不會讓他們在洞房花燭夜喝下能夠助孕的藥酒。然而，不是只有馬丹在性事方面悶悶不樂，貝彤黛也是：一方面是因為她年紀還小，還得要跟一屋子陌生人一起生活。她宣稱自己也遭「下咒」，就像多年後她在希厄法庭上所供述的那樣。當時巫師的魔咒一般都是針對男性器官動手腳，讓他們無法與妻子享受魚水之歡。* 但就像幾位宗教審判官在《女巫之鎚》（*Malleus Maleficarum*）一書裡面寫道：「魔鬼可以讓妻子的心智徹底腐化，讓她們對丈夫深惡痛絕，無論

---

* 葛哈斯法官在書中註釋轉述貝彤黛的供述證詞時，的確就認定只有馬丹受到魔咒影響，因此只描述了對男性下咒的方式。他在書中寫道：女性「無法行房」往往只是非人為原因導致，像是「陰戶過於狹窄閉鎖，無法承受與男人性交」（頁四十到四十四）。但貝彤黛的問題並非如此。一般熟知《教會法》的學者們，多半不大注意那些導致女性無法行房的超自然原因。請參閱：Pierre Darmon, *Le Tribunal de l'impuissance* (Paris, 1979), pp. 48–52.

如何都不想躺在他們身邊。」[2]

儘管貝彤黛應該不會在法庭上如此坦承，但看來她有一陣子顯然覺得馬丹無法與她行房反而比較好，讓她鬆了一口氣。但只要有親戚勸她與馬丹仳離，她都會予以堅定地拒絕。藉此我們也能看出貝彤黛這位小女子在二八年華時就已經展現出來的某些人格特質：她很在意外界是否把她當成冰清玉潔的女性，個性倔強獨立，同時又冰雪聰明到能理解自己身為女人雖然受到許多束縛，卻還是能在處處受限下施展自己的手腕。儘管離婚能讓她暫時免除某些妻子該履行的義務，但她就是拒絕與馬丹分開——就算離婚，她還是得在父母要求下再婚。選擇繼續待在蓋赫家，讓她有機會能與馬丹的妹妹們發展出姑嫂情誼，彼此相處融洽。如此一來也能讓她在鄰里間獲得頗有婦德的名聲。關於她拒絕與馬丹仳離這件事，葛哈斯法官是這麼說的：「這個選擇就像是一塊試金石，是這位荷爾家女兒真誠不欺的明證。」[3] 對於貝彤黛，某些阿赫提加的良婦賢妻可能也會給她一樣的評價。

等到貝彤黛身心都已做好準備，那位年邁的女智者「突然像天使下凡般出現」，幫這對年輕夫妻解除魔咒。她終於誕下麟兒，而這件事對她來講才是真正踏入成人世界的第一步——對於其他婚姻比較順利展開的農村婦女也是一樣。婚前，貝彤黛就已經從母親和幾位教母那邊得知成年婦女的人生是怎麼一回事；到了蓋赫家，她那位巴斯克婆婆也調教過她。身為成年婦女，她必須面對什麼呢？首先是一個萬事以男人為中心而運轉的世界，從社會組織結構到身分地位都是如此。在阿赫提加與鄰近地區，女性姓氏前面往往都會加上「德」(de）這個介系詞，而這並不是因為她們想讓自己的姓名看來像貴族，而是一種反映出農村社會分類體系的方式。貝彤黛是「德．荷爾」，所以她是「荷爾的女兒」；珍．德．邦蓋勒是「邦蓋勒的女兒」；愛荷諾德．德．托赫即是「托赫的女兒」。如前所述，列茲河沿岸地區的習俗規定繼承人必須是男性子嗣，僅有那些家裡只有女兒的不幸家族才不受此規定限制。各村幹事如遇要事需要討論，也只會召集男性村民與會，只有要布達命令時才會把女性村民（包括妻子或寡婦）找過去。[4]

儘管如此，女人總是在日常生活中扮演重要角色，無論是在田裡或者在家中。她們負責耕地、修剪葡萄藤或收割葡萄等各種女性勞動。她們一起與丈夫租地耕作，胼手胝足，也負責剪羊毛，或者根據契約協議幫商人照顧母牛和小牛。聖伊巴赫村有個叫做馬哈姬耶的寡婦甚至透過與商人簽訂契約而把十八隻羔羊帶回家，承諾她會「像一般人家的好父親那樣」照顧羊群四年。她們會幫勒佛薩鎮的織工紡紗，也會烘焙麵包賣給其他村民。在山城勒卡赫拉有個別名「布呂葛哈絲」的鎮民瑪格麗特則是靠小額放貸營生，還有些鄉間商賈的妻子或寡婦更是能幹，竟能從事大規模的穀物、小米與葡萄酒買賣生意，包括勒佛薩鎮的貝特蘭與蘇珊都是如此。助產士這種工作當然也是非由女人來承擔不可，而她們通常還會負責治傷醫病，因為當地沒有太多的常駐外科醫生。[5]

女性如果不幸成為寡婦，那麼她們的處境好壞主要取決於丈夫生前或兒子是否有心好好照顧她們。根據朗格多克地區的習俗，原則上女性在成為寡婦後可以把當初她們結婚時帶到婆家的嫁妝取回，另外還能獲得價值相當於原本嫁妝三分之一的「孳息」。只不過在事實上，在阿赫提加與附近的市鎮或農村裡，這樣的規定並不會明訂於婚約之中。唯有妻子的雙親或寡母打算跟著女兒、女婿同住時，妻子對於丈夫財產所擁有的權利才會白紙黑字寫下來。大部分的決定都是記錄於丈夫遺囑中。妻子能夠獲得的最好條件，便是獲得亡夫所有財產的「用益物權」（也就是使用權與收益權），條件是她們必須「守寡」（有些遺囑裡面還會加上「守貞」一詞。）若是丈夫真的信任妻子，抑或是想要酬謝「她在婚姻生活中任勞任怨地付出」，就會在遺囑條文中明訂妻子可以完全保有與使用他的物品，「不需要將帳目交給世上的任何人」。要是妻子與嗣子感情不睦，無法好好相處，那麼丈夫更是會把所有供養條件寫得鉅細靡遺，像是妻子每年可以獲得七夸特穀物及一桶上好葡萄酒，還有每兩年獲贈一套衣裙、鞋子與長統襪各一雙，還有可供取暖的薪柴。如果妻子再婚，那麼遺囑就會規定她能夠獲得一大筆財物，其價值相當於她當初結婚時給丈夫的嫁妝，或者是嫁妝加上前述的「孳息」。[6]

受到前述農村生活現實條件的鼓舞，當時的村姑不只普遍願意精進農技、成為能幹的農婦，還紛紛培養出厲害的馭夫之術，懂得好好盤算自己的利益——好比說為了財產而選擇守寡。當時在阿赫提加村東邊不遠處有一位人稱杜佛赫夫人的貴族（本名侯絲・戴斯潘涅），她繼承了很多遺產，到處購買農地，對佃農則是極盡欺壓之能事。此等社會地位當然是阿赫提加村的農婦無法企及的，但她們仍有可能獲得其他農婦的尊敬，在丈夫去世後好好發揮寡婦的非正式影響力。她們甚至能夠獲得「娜」這個珍貴的尊稱，在兒子新婚時提供葡萄園當贈禮，並且為教子們穿上緊身褲。當時的女性似乎已非常熟稔這套制度，也把操弄制度的手法傳給女兒，形成不足為外人道的共謀關係。身為妻子，她們往往會選擇丈夫為概括承受所有遺產的繼承人；如果是寡婦，則偏好選擇兒子為繼承人而非女兒。如果有人辱罵她們是「妓女」

（*bagasse*），她們也絕對不會唾面自乾，而會積極尋求賠償。事實上，勒佛薩鎮就曾有過一個案例，一名已婚婦女與鄰女因為家禽而起了爭執，事後她控告該女子不但動手打人還辱罵她為「老母雞」。[7]

貝彤黛就是在這些價值觀的耳濡目染下長大，因此在她後來歷經許多奇事的過程中，不曾想過要自外於阿赫提加村的社會，既不希望遭村民拒斥，也沒想過要離開。不過，她總是設法按照自己的意思來過生活，或許是因為身邊就有個堪為典範的女性：她那自信滿滿的婆婆——典型的巴斯克女性。拉布赫地區的女性往往自己就是財產繼承人或者女主人，她們「厚顏無恥」的名聲遠近馳名，後來甚至被當成跟女巫一樣惡名昭彰。[8]

就在貝彤黛剛初為人母、誕下一子，並與婆婆建立起新關係之際，馬丹蓋赫選擇離家出走，而且就這樣音訊全無。雖說農村居民向來喜歡對這種事說三道四，引為笑談，但來自當地顯赫家庭的馬丹就這樣出乎意料地銷聲匿跡，還是令大家感到煩惱不安，更對年輕夫妻的關係留下難以彌補的裂痕。

對於這個巴斯克人家族而言，繼馬丹夫婦多年無子之後，馬丹離家出走又是另一樁必須盡快處理好讓大家淡忘的醜聞。在沒有人為馬丹捎回隻字片語的情況下，他父母就這樣陸續離世。老桑克西最後選擇原諒兒子，還是在遺囑中指定兒子繼承他在阿赫提加的土地及留在昂代的財產。唯一的財產繼承人不在也沒關係，當地的公證人們熟知如何處理這種情況，慣例是「如果繼承人死亡或離家未歸」，那就由其他人取而代之。於是在這段時間，皮耶蓋赫就成為已故兄長大批遺產的管理人，也是馬丹幾個未婚妹妹的監護人。[9]

雖說我們無法確定時間點，但大約就是在桑克西死後的一五五〇年代初期，他弟弟皮耶找到了維繫蓋赫與荷爾兩家族姻親關係的方法，且這方法也對馬丹所遺棄的妻子有所幫助。這時皮耶的配偶也已留下幾個女兒去世，因此他便娶了貝彤黛的寡母。*為了把兩個都擁有大批財產的家庭結合在一起，雙方的婚約肯定是非常複雜，將所有細節都規定清楚。婚約中雖未記載，但無論貝彤黛的父親在遺囑裡留了多少財物給她母親當再婚時的嫁妝，她母親肯定都全數帶到了蓋赫家。至於皮耶，應該也會承諾要照顧貝彤黛與她兒子小桑克西。皮耶當然也會與續弦的妻子決定好該怎樣處理那些剛剛獲得的財產。桑克西與馬丹父子倆原本的住家就在隔壁，照理說應該就是以短約的方式租給外人——畢竟守活寡的貝彤黛年紀尚輕，任誰也不會把維持整個家計的重責大任交給她。皮耶就這樣成為蓋赫家的新任大家長，除他之外幾乎所有家族成員都是女性。

歷經這些風波後，貝彤黛已不再是蓋赫家少主人的妻子，地位大不如前。她不僅守活寡，而且再次與母親同住一個屋簷下。她既非人妻也非寡婦，在磨坊、水井、磚窯、農田遇到其他村婦時，處境異常尷尬。就法律層

＊　葛哈斯並未在《令人難忘的審判》書中提及皮耶蓋赫與貝彤黛的母親是在哪一年成婚（六十七至六十八頁），不過一五五〇年代初期似乎是最合理的時間點。葛哈斯並未指出皮耶的女兒們是貝彤黛的姊妹或者同母異父的姊妹，因此那幾個女兒的母親肯定就是皮耶的亡妻。無論貝彤黛的父親在遺囑裡是怎樣規定，她母親再婚的動機有部分肯定是為了舒緩女兒的艱難處境。

面來講，她的問題也無法輕鬆解套。自從歷經十二世紀教皇亞歷山大三世比較寬鬆的時代後，法學博士們又回歸到比較嚴格的傳統，堅持丈夫若是出門在外、音訊杳然，除非能夠確定他已不在人世，否則無論過了多少年都不構成妻子再婚的條件。在宗教律法以外，民法傳統則是普遍遵循比較嚴厲的《查士丁尼法典》。土魯斯高等法院就曾於一五五七年某件婚姻訴訟的判決文件中引述該法典：「假若丈夫離家在外，音訊全無，除非妻子能夠取得丈夫已經亡故的證據，否則不得再婚……即便丈夫已離家超過二十年也不例外……。此外，丈夫的死亡必須要有目擊者提出確切可靠的證詞來證明，或者以極為可靠且清楚明顯的假設來推斷。」[10]

有些村人當然可以想辦法規避法律，而且這麼做的人肯定也不在少數。他們大可捏造出丈夫溺死或中彈身亡的消息，又或者是村子裡有神父願意配合，那更是可以完全無視法律規定。不過，貝彤黛選擇走另一條路。她生性務實，因此把所有注意力都擺在兒子小桑克西身上，寄望著總有一天能夠拿到自己應得的遺產。這也是因為她擁有一種硬頸精神，非常愛惜自己的聲譽。像她這樣漂亮的少婦自然容易招蜂引蝶，但根據日後所有證人的說法，她在那段歲月確實是過得「潔身自愛，有所矜持」。[11]

貝彤黛一邊工作並且扶養兒子小桑克西，一邊耐心等待。守活寡的日子當然難熬，但或許她的四位小姑還有那位曾經幫她解除魔咒的女智者幫助她走過了那一段歲月。雅克．波厄熙卸任後，來阿赫提加接任助理司祭職位的神職人員都不是出身當地，可能也不總是常駐於教區。因此每當貝彤黛心煩意亂，或許就只能向聖凱薩琳傾訴心聲——村中墓地裡有一座供俸祂的小教堂。[12]此時她對自己的人生經歷已有些許體悟。就像她後來到希厄向法官表明心跡那樣，貝彤黛把自己的一輩子分成三個階段：九歲或十歲之前的孩童階段、維持了九或十年的婚姻生活階段，還有那一段度日如年、後來竟然拖到八年以上的等待期。[13]儘管貝彤黛是個只短暫享受過魚水之歡的少婦，馬丹也是個不解風情甚至害怕她的丈夫，而且的確也拋棄了她，貝彤黛還是希望自己的丈夫有朝一日能夠歸返家鄉，而且成為一個截然不同、比較好相處的愛人。然後在一五五六年夏天，就真的有這樣一個男人出現在她眼前，說他就是音信杳然八年以上的馬丹蓋赫。但事實上此人的真實身分卻是居提勒：本名阿赫諾・居提勒（Arnaud du Tilh），別名龐塞特。

第四章　多面人居提勒

在加斯柯尼與朗格多克兩地，居提勒是很普遍的姓氏，在隆貝主教區也算是常見。阿赫諾．居提勒就出生於隆貝，而隆貝主教區有座薩亞村，他父親老居提勒就在那裡安家落戶；至於他母親則姓巴霍，來自附近一處叫做勒潘（Le Pin）的村莊。這些地方都位於希厄主教區的西北方，在加龍河北邊遠處。如果騎馬的話，也必須花上整整一天時間才能從薩亞抵達阿赫提加。

那個時代的法國人把居提勒的故鄉統稱為科曼日地區（Comminges）。居提勒的同鄉貝勒佛黑斯特（François de Belleforest）如此描述科曼日：「盛產穀物，且葡萄酒、水果、乾草、胡桃油、小米等生活必需品從無匱乏之虞。科曼日的男丁興旺，人才輩出，尤其常見英勇武士……當地有數不清的市鎮、富饒的農村及古堡，貴族人口比法國其他地方都多。」[1]

換成是居提勒，可能不會對自己的故里說那麼多好話。父親出身的薩亞村有一位領主維茲，後來由他兒子塞夫希接任領主頭銜。至於母親出身的勒潘，則是歸歷史悠久的望族科曼日－佩桂朗（Comminges-Péguilhan）所有。這意味著兩座村莊的農民都有賦稅必須固定繳納，日常生活也必須受到領主節制──以小城馬訥為例，領主就刻意管制酒館與肉鋪的經營權。往好的一面看，「人口眾多」當然意味著農工人力不虞匱乏，缺點就是容易造成地狹人稠的社會與經濟問題。因為土地自有率較低，隆貝主教區的公證人常常必須草擬農地的租佃契約。[2]

不過，這裡已經算是土魯斯周遭地區裡經濟比較熱絡的一帶。薩亞村與勒潘村的農民時常會前往希厄姆鎮（Rieumes）或更遠的利勒昂多東（L'Isle-en-Dodon）、隆貝、吉蒙（Gimont）與土魯斯等地進行穀物、葡萄酒、布疋與木材的買賣，與人簽訂有關綿羊、山羊與閹牛的契約，或者將羊毛與皮革載運到那些地方。薩亞就在希厄姆附近，是座比較小的農村。當地群山之間與山坡上，住著三四十戶農家，大多以耕種與放牧牛羊為生，其中有幾戶是以編織亞麻布料為業，還有少數幾戶則是靠其他鄉間常見的手工藝過活。勒潘村稍大，規模與阿赫提加較為接近，村民能夠從事的手工藝行業也更多樣，不過要到十七世紀才會出現常駐村裡的公證人。[3]

在這農業社會裡，居提勒與巴霍都是極為平凡的務農家庭。教區主教曾於一五五一年造訪，而這兩家族皆無人名列於接待主教的幹事與鄉紳之列——至於參與商議當地事務與執行教區工作的則主要是達貝雅、多邦、德索勒與聖翁德希厄等地方家族人士。不過，居提勒與巴霍兩家族的財力在當地農家裡算得上中等，有足夠的農地與葡萄園，這也是為什麼老居提勒去世後得以把財產均分給兒子們（均分遺產給子嗣是薩亞與勒潘的習俗，在阿赫提加也是如此），居提勒就這樣繼承了一小塊農地。[4]

說到居提勒這個家庭，若有什麼值得一提之處，大概就是這位與老居提勒同名的兒子了。居提勒的年輕歲月簡直就是馬丹蓋赫的對照組。他生長在一個男丁興旺的家庭，與弟兄相處融洽。他身材矮壯，對於盛行於鄉間的各種運動項目並不是特別在行。不過他天生就有一副三寸不爛之舌，過目不忘的記憶力更是足以讓任何演員欣羨。薩亞村民大多目不識丁，幾乎只有村裡的教士會簽名，而居提勒就是那種會讓人送去學校讀書識字、繼而培養成神職人員的小伙子。[5]

如果真有教士這樣嘗試，那肯定會大失所望，因為居提勒長大後淪為「浪蕩子」，是個「生活不知檢點」的年輕人，「耽溺於各種有傷風俗的行徑」。所謂有傷風俗，就是指他貪杯好色，既是希厄姆各家酒館的老主顧，也是土魯斯許多娼妓的常客。後來他所獲得的別號「龐塞特」，就是「大肚子」的意思，也就是說他這人葷腥不忌，而且肯定非常喜歡參加嘉年華會，熱愛變裝跳舞，對於「青年修道院」這類青年團體的各種遊戲也都有濃厚興趣（這類遊戲可說是加斯柯尼地區鄉村生活中非常顯著的特色）。他性急又易怒，據說常常褻瀆基督的頭顱、身體、聖血與聖傷。他那些褻瀆的下流髒話雖然不及褻瀆聖母馬利亞，但還是反映出他常常與一些喜歡作亂惹事、放浪形骸的人為伍，整天不是打牌就是賭博。居提勒實在是聰明絕頂，以至於開始有人懷疑他是否精通魔法巫術。這種評語如果是針對某位醜陋老嫗，當然不是什麼好話，但因為他只是個交遊廣闊的二十幾歲小伙子，那就幾乎可以說是恭維了。6

跟阿赫提加的馬丹蓋赫一樣，居提勒也與家庭生活格格不入，不希罕擁有農村的產業，只是理由不盡相同。他離開故里，前往南邊的城鎮普伊德圖日（Pouy-de-Touges），最遠甚至還去了土魯斯，但仍然不肯安分，夢想著有朝一日能離開薩亞，擺脫隆貝這個多山的主教區，到外面世界去闖蕩。當然，如果想要「冒險犯難」的話，法王的步兵軍樂隊總有空缺，而且軍樂隊裡本來就有不少加斯柯尼人。常有加斯柯尼人在從軍出征以前去吉蒙找公證人草擬遺囑。在犯下一連串小偷小盜的勾當後，居提勒終究下定決心離鄉背井，應召投入法王亨利二世麾下的部隊，前往皮卡第（Picardy）的戰場上為國效勞。[7]

＊ ＊ ＊

在居提勒決定冒充馬丹蓋赫以前，他們倆有過至少一面之緣嗎？貝彤黛曾向希厄的法官大吐苦水，表示他們倆大有可能就是軍中同袍。如審理文件所述：「犯下本案的居提勒，極有可能是與本案關係人馬丹一起去打仗才認識的。居提勒虛情假意與馬丹套交情，才會得知關於馬丹與他妻子的許多私事與種種細節。」葛哈斯法官就是因為貝彤黛的說法才會在書中寫下一則關於兩人交好，以及馬丹遭背叛的註解。居提勒在希厄提出的一段證詞，足以印證他跟馬丹在案發前的確有些交情，因為他能夠指出馬丹蓋赫聲稱自己去過的法國與西班牙各地，還有在那些地方遇見了哪些人，而這一切後來也都經過法庭調查核實。這些資訊有可能是馬丹親口對居提勒透露的，但也有可能來自於認識馬丹的其他人。但嚴格說來，他們倆應該不大可能是軍中袍澤，理由在於馬丹在軍中效力的對象是法王的敵人，也就是西班牙國王；更何況，居提勒在皮卡第打完仗解甲歸田後，馬丹搞不好都還沒有離開布哥斯。[8]

儘管這兩位年輕人並非在軍中結識，他們還是可能因為在朗格多克、加斯柯尼或其他地區四處為家而相遇。讓我們來做個小小的「思想實驗」吧。想像一下馬丹這位來自阿赫提加村的富少爺，如果真認識了居提勒這位來自薩亞村且口齒伶俐如舌燦蓮花的鄉農，究竟會發生什麼事。兩人可能會發現到，儘管馬丹較高較瘦且膚色也較黑，但他與居提勒的長相頗為相似。他們顯然不是透過自己的觀察得知，而是來自於旁人的評述，畢竟十六世紀的鄉農並沒有照鏡子的習慣，可能也不大清楚自己的長相（一般農家不會有鏡子）。這實在是既詭異又有趣的事。考慮到有許多諺語都提及眼睛形狀與下顎模樣能夠反映出某些人格特質[9]，那他們應該也會好奇彼此除了容貌相似外是否還有其他共通之處。兩人於是深入交流、表明心跡。馬丹表示自己對於祖產和妻子興趣缺缺，甚至可能隱約鼓勵跟他長得酷似的居提勒：「要不我把妻子讓給你吧？」居提勒則可能心想：「我何樂而不為？」總之，居提勒開始到阿赫提加冒充馬丹後曾對某位薩亞村的友人透露：「馬丹死了，他把財產讓給我。」[10]

前述情節的確有可能發生過，但與居提勒後來的供述不符。他宣稱自己到阿赫提加以前與馬丹蓋赫素不相識。如果此說為真，那他何以能夠假冒馬丹，豈不是令人感到更加離奇有趣？誠如勒蘇厄赫在書中所言，這簡直是「更為神奇」（*mirabilis magis*）。但如果我們心理層面的角度來看，這種說法確實有可信之處。前一段的想像情節，呈現的是居提勒想把馬丹的人生完全占為己有；相較於此，居提勒的供詞則反映出他其實只是設法模仿馬丹、藉此行騙而已。居提勒大約於一五五三年離開皮卡第的陸軍大營，很可能是在打完特魯安納（Thérouanne）、艾丹（Hesdin）與瓦隆先（Valenciennes）等諸場戰役之後。他沿著薩拉河四處遊蕩，某天在馬訥結識了馬丹的兩個朋友：一位名叫皮久的少爺，還有旅舍掌櫃居列，而他們倆誤把居提勒當成離家多年且音訊全無的馬丹。[11]

這下，大騙子龐塞特（居提勒）隨即全神貫注起來。他使出渾身解數，盡可能讓自己深入瞭解馬丹蓋赫的處境、家世及過往言行。他把皮久和居列，還有蓋赫家的「其他密友與鄰居」耍得團團轉，甚至皮久和居列還有可能成為他的共犯。[12]在那個各地交往頻繁、人來人往的世界裡，就算他還沒去過阿赫提加村，肯定也能透過流言蜚語的傳播網絡獲得相關資訊——大量的資訊，包括各種居家生活的細節，例如馬丹離家前把他那一條白色緊身褲擺在某個大型置物箱裡的確切位置。他也得知許多村人的姓名，還有馬丹與他們的關係。居提勒還詳細詢問了有關拉布赫地區的種種，甚至學會了一點巴斯克語。居提勒一直要到一五五六年才去了阿赫提加村，所以他為了好好假扮馬丹，肯定花上幾個月時間好好準備。（在這段準備期間，居提勒下落不明。也許他並未回到故鄉薩亞村，也沒有重新當起「浪蕩子」。）

在十六世紀，無論村農或鎮民，任誰要改名換姓為自己塑造出一個新身分，會是很罕見的事嗎？其實這類情事可說是屢見不鮮。以達蓋赫一家人為例，他們離開昂代之後就把姓氏改為蓋赫，也改變了日常生活的方式，融入阿赫提加村。當時的鄉農時常會遷居他處，也難免會像達蓋赫家那樣改換身分。就算不遷居他處，也總是會有綽號或別名。在阿赫提加，別名往往與村民擁有的財產相關；至於在薩亞，那就取決於每個人的不同特色，例如有個村人綽號叫做「坦布林」(Tambourin，意思是鈴鼓)，[13] 想當然耳他跟龐塞特一樣也是頂著一個「大肚子」。

那麼冒充他人也很常見嗎？每逢嘉年華會等節慶，年輕鄉農往往會把自己打扮成動物或不同社會地位之人，甚至男扮女裝，以偽裝形象與人互動交談。在進行喧鬧遊行的活動時，也會有村民會假扮成他人（無論男女）——被冒充者往往是因為結錯婚或婚外情等失德行徑才會蒙受羞辱。不過這類假扮他人的情況都只是暫時性的，而且多半出於對鄰里有所益處的公共目的。

另一種假扮欺瞞的行徑則純粹是基於自私自利：好比健康的乞丐裝瘸裝瞎，或是有人是為了繼承遺產、騙取錢財而偽造身分。當年常有說書人講起三兄弟的故事：為了謀奪遺產，故事中有兩個人假扮起那位真兒子，所幸王子明察秋毫，命令三人都對父親的死屍射箭（真兒子當然不忍心）。除了故事，現實中也不乏案例。例如出身大馬士革的奇塔洽，一五五七年在里昂冒用了死者通尼的身分，到處跟欠債的人收錢。所幸幾位修女才是通尼的遺產繼承人，是她們發現這場騙局才報官抓人，將奇塔洽繩之以法。同一年，才幾街之遙的另一個地方則是有費赫拉茲與方塔奈勒聯手謊稱自己就是一個名叫密赫的人。他們四處欠債，還各自找公證人來幫借條和收據進行公證，直到密赫自己發現才東窗事發。[14]

居提勒如果選擇不回薩亞村，而是去阿赫提加假扮馬丹蓋赫，當然是好處多多，因為馬丹的遺產遠比他自己的更多。只不過，綽號龐塞特的他喬裝打扮別人的層次顯然已遠遠超越嘉年華會上假扮他人或用假身分騙取遺產，因為他確實做足了準備，做過仔細調查，還能牢記所有細節，甚或曾事先預演過。他要用新身分到列茲河畔的阿赫提加村，開啟自己的新人生。

第五章　虛構的婚姻

「冒牌馬丹」居提勒並未直接前往阿赫提加村。據勒蘇厄赫在書中所述，居提勒先去了隔壁村莊的某家旅店投宿（也許是佩耶村），告訴店主他就是馬丹蓋赫，提到妻子與家人時甚至還哭了起來。他出現的消息傳到馬丹的四位妹妹耳裡，她們趕往那家旅店，開開心心與他閒話家常一番後才回去找來貝彤黛。貝彤黛看到「馬丹」之際，一度詫異到身子一縮，但很快還是投進他懷裡獻吻，因為這人不但開始對她情話綿綿，還能說出很多他們倆以前做過的事、說過的話，甚至明確指出放在大型置物箱裡那件白色緊身褲。因為他留了絡腮鬍，所以才很難辨認出就是馬丹。皮耶蓋赫也是滿腹狐疑地端詳他許久，不敢相信眼前的人就是自己失蹤多年的侄子，直到對方開始說起他們倆以前一起做過哪些事。皮耶終於擁抱侄子，感謝天主把他還給了蓋赫家。

即便已與親人相認，馬丹還是沒有馬上回到阿赫提加，而是繼續住在那家旅店裡，一來是因為長途奔波過於勞累，二來也是為了要養病。（勒蘇厄赫宣稱，奇怪的是，就在這位馬丹即將玷汙貝彤黛的靈魂與他們的婚床之際，竟然好心告訴妻子自己「中鏢」染上梅毒，不想傳染給她。）這讓貝彤黛有機會照顧起這位馬丹的生活起居，逐漸開始習慣他。居提勒也趁機透過貝彤黛更加深入瞭解正牌馬丹蓋赫過往的人生。等到這位馬丹病況好轉，妻子才帶著他回到屬於他的房子，歡迎他以丈夫身分重返家庭，也幫助他重新跟村人熟絡起來。

阿赫提加村民們與這位馬丹重逢的過程，與他和家人相認時沒什麼兩樣。馬丹會在打招呼時先說出對方名字，如果對方似乎認不出他，他就會說出彼此在十年或十五年前一起做過什麼事。他告訴所有人，離鄉後自己前往法王的陸軍部隊效力，在西班牙待過幾個月，如今有機會回到村子與家人、兒子小桑克西，尤其是與妻子貝彤黛重聚，內心實在是喜不自勝。[1]

＊＊＊

即便日後居提勒遭人冠上施展妖術的罪名（不過他始終沒有承認），但我想我們大可不用朝這個方向去思考，也能理解他為何能在一開始獲得蓋赫家與鄰居的接納。首先，這位馬丹的歸來在阿赫提加雖然會帶來兩面評價，因為返鄉之人一方面會為大家帶來希望，另一方面卻也會擾亂既有權力關係，但總之歡迎他的人還是比較多。馬丹蓋赫以遺產繼承人兼蓋赫家主人的角色回歸。其次，大家在看到本人前就得知他要返鄉的消息，因此已有要承認他就是馬丹蓋赫的心理準備。[2]接著，因為這位馬丹口若懸河，再加上記憶精確無比，如此一來更強化了大家認為他就是馬丹本人的感覺。他的確跟離家出走的馬丹蓋赫看來並沒有百分之百相似，但話說回來馬丹蓋赫也沒有留下畫像，沒有人可以拿來跟眼前的馬丹比對，看看五官是否一樣。而且因為他離家多年，容貌難免飽經風霜，再加上一位年輕農夫歷經幾載的軍旅生涯洗禮，長相改變也很自然。基於以上幾個理由，就算有人內心存疑，至少有一陣子都不會說破，甚至就把疑慮深埋於心裡，讓這位冒牌貨有時間能漸漸把馬丹的角色扮演好。

那麼貝彤黛呢？難道她不知道這位馬丹並非八年前任由她淪為棄婦的那個丈夫嗎？剛開始也許真的不知道，因為有太多「特徵」與證據可以證明他就是馬丹蓋赫。但個性強韌又矜持守貞的貝彤黛可不是好騙的女人，就算居提勒再怎麼會灌迷湯也沒用。等到他倆要開始同床共枕時，她肯定已經發現此馬丹非彼馬丹。「每個丈夫都有愛撫妻子的獨特方式」，我想阿赫提加村每一位妻子都能認同這點。[3] 無論是有口頭約定，抑或是雙方有著不說破的默契，總之貝彤黛幫助這位馬丹成為自己的丈夫。這位馬丹雖然是假貨，但對她來講不啻是夢幻成真，因為一來她的生活能變得比較好過，二來他們還能當起「熱情的朋友」。（別忘了那是十六世紀法國，價值觀與現在截然不同。）

這是一樁虛構的婚姻，不像八年前是透過雙方家長安排，也不像貝彤黛母親與皮耶蓋赫那樣走正常程序，且訂有婚約。貝彤黛這第二樁婚姻可說是假戲真做，雖說以謊言起始，但如同她後來供述，他們「跟真的夫妻那樣一起生活，吃飯喝酒，同床共枕」。勒蘇厄赫也說那位「冒牌馬丹」與貝彤黛一起「低調度日，不吵不鬧，在各方面都能與她完美配合，以至於沒有人懷疑其中有詐」。在美麗少婦貝彤黛的婚床上，他們也過得如魚得水。三年內她就生下兩個女兒，其中一個不幸夭折，但另一個存活下來，命名為貝荷娜德，成為小桑克西的妹妹。[4]

真正能證明冒牌馬丹與貝彤黛鶼鰈情深的，其實並非這平靜的三年，而是要看這樁婚姻的真實性遭受質疑後發生了什麼事。但在那之前，還是有很

一對來自阿赫提加南方魯西永地區（Roussillon）的農村夫妻，一五二九年，出自德國畫家魏德茲（Christoph Weiditz）的手筆。資料來源：Bibliothèque Nationale。

多地方足以印證他們彼此深深相愛——儘管他所面對的是一開始他想要蒙騙的女人，她眼前那個男人則是曾經讓她嚇了一跳。冒牌馬丹曾因屢次捲入吵鬧紛爭而入獄，出獄後貝彤黛為他換上白襯衫，幫他洗腳，兩人也繼續同床共枕。等到其他人想要置冒牌馬丹於死地，她更是擋在前面，以免他遭到痛毆而死。到了法庭上，冒牌馬丹則是「輕聲呼喚」貝彤黛，還把自己的性命交給她決定，聲稱如果她發誓他們不是真的夫妻，那他甘願「慘死一千次」。5

在那一段較為快樂的時光裡，他們常常一起閒話家常。正因為他們能「沒日沒夜地談天」，冒牌馬丹才能持續獲得更多關於貝彤黛、蓋赫一家人與阿赫提加村的資訊。如此親暱的交流正是基督宗教人文學者與新教倫理學家所高舉的理想，但實際上十六世紀一般鄉村家庭的夫妻多半沒法像他們這樣互動，且就算真能實現也多半是在社會地位較高的家庭。不過，就像法國史家勒華拉杜里所說，在稍早的時代裡，奧克人喜歡談天說地的天性不只是反映在鄰里之間的夜間聚會，也可以透過農夫農婦之間的戀人絮語看出端倪。[6]冒牌馬丹能夠與貝彤黛聊的話題當然不會只有莊稼、綿羊與他們的兒女。我們不難推想他們聊了很多事，其中一樣就是決定要讓這樁假戲真做的婚姻長久持續下去。

為什麼他們會願意接受這種形式的婚姻呢？因為幾個世紀以來農夫農婦已習慣於操弄有關婚姻的民間禮俗及天主教律令。從十二世紀晚期到一五六四年，《教會法》都是規定男女雙方同意，婚姻就能成立，而且只需要他們同意就好。即便沒有神父幫忙主持儀式，沒有任何證人在場，只要男女雙方接受彼此的夫妻關係，交換能代表婚約的信物，特別是接下來能夠有圓房的事實，那麼就算是結合在一起，任誰也無法拆散，而且也不能離婚。儘管教會方面並不贊成這種「密婚」的方式，*但總是會有些人（尤其農村居民）因為各不相同的理由而以這種方式完婚：或出於未成年而家長不允許他們結婚，或出於親緣關係太近而無法獲得教會頒發的特許狀，或出於不想進行婚前性行為而必須結婚，抑或是男方或女方在別的地方已經與他人有婚姻關係。[7]

然而，阿赫提加村這對夫妻雖然可以憑藉密婚傳統將所作所為正當化，卻無助於化解他們特殊的困境。這位馬丹真正的問題在於他畢竟是冒牌貨，而貝彤黛是一位矜持自守的節婦，一旦遭人發現她重婚那可真是百口莫辯，

---

* 如同碧雅翠絲（Beatrice Gottlieb）在一篇文章中所說：「詭辯家與律師們都把密婚當成宗教上的罪孽與法律上的妨礙行為來討論。」（請參閱："The Meaning of Clandestine Marriage," in R. Wheaton and T. K. Haraven, eds., *Family and Sexuality in French History* [Philadelphia, 1980], p.52）之所以視之為妨礙行為，是因為宗教法庭上常常出現這類因為密婚而導致違背婚約或重婚的案例，但偏偏這種結婚方式沒有證人，因此沒有可以藉以斷案的真憑實據。正因如此，一五六四年那次特倫托會議進行到最後一個階段時，教會才會做出裁決：結婚時必須宣讀禁令並由教區神職人員主持儀式，婚禮才算有效。教會花了很久時間才終於禁絕了先前法國的密婚「陋習」。密婚所引發的另一個問題在於，許多未成年人在未經家長同意的情況下就結為連理，而且因為婚姻有效，所以無法拆散他們。一五五七年二月，法王亨利二世頒發一則關於密婚的諭令，葛哈斯法官曾以此為主題著書立論。

更別說她會有多內疚。即使如此，當時的密婚傳統確實有可能讓他們覺得可以根據自己的想法一手打造兩人的婚姻，而且的確就是完全由他們決定，不容他人置喙。

但兩人無法控制與決定自己的靈魂，至少根據天主教教義而言是如此。儘管兩人終究會對自己的行為表達懺悔，但在東窗事發前他們也不大可能對阿赫提加或者巴茹的神父告解自己的罪衍。根據各方說法，在那段相安無事的歲月裡，他們就是村人眼中的模範夫妻。如果真有神父在復活節告解儀式上聽到冒牌馬丹坦承自己其實是龐塞特或居提勒，那麼肯定會要求兩人立刻分手，否則就會把他們視為敗德的姦夫淫婦，施以逐出教會的重懲。假使冒牌馬丹從未跟神父告解，那就讓我們不得不討論一個問題：阿赫提加是否可能已有新教信仰出現？冒牌馬丹與貝彤黛是否有可能對新教這種由天主教革新而來的宗教感興趣？我想確實有可能，理由之一正是他們可藉由新教信仰來合理化自己假戲真做的行為。

一五三六年，法國富瓦地區已有很多新教傳教士如同遍地開花般在傳教，到了一五五一年更有不少人準備要摒棄帕米耶與勒馬斯達濟勒這兩個天主教教區，以日內瓦這個新教大本營為馬首是瞻了。一五五七年後，新教運動的勢力增強，勒馬斯達濟勒鎮甚至因為其統治者達勒貝赫伯爵夫人（Jeanne d'Albret）本身就是新教典範，而在一五六一年正式宣稱所有鎮民都改信新教。山城勒卡赫拉也成為新教重鎮，而那裡更靠近阿赫提加村。列茲河沿岸的各個村莊與城鎮紛紛因為天主教與新教之爭而陷入騷亂。佩耶村領主是保守的天主教徒維耶米赫（Jacques de Villemur），因此在信仰方面對於農村居民的管束甚嚴，不過在勒佛薩鎮倒是有幾個地位顯赫的世家於一五六三年「遭懷疑已改宗新教」。一五六八年，阿赫提加村教堂的所有「偶像」都已遭掃除，祭壇也被毀掉，動手拆除的除了信奉新教的軍隊，也包括當地的新教教徒。百年後某位到訪阿赫提加的主教就曾表示，這段時期裡「前述阿赫提加村的村民皆為胡格諾派新教徒」。[8]

宗教改革這種規模龐大的運動肯定並非一蹴可及，而是會有醞釀期。這意味著阿赫提加村與帕米耶市、勒佛薩鎮、聖伊巴赫村、勒卡赫拉城與勒馬斯達濟勒鎮等地方不僅因為羊毛、穀物、葡萄酒交易而往來密切，還促成新教信仰在各地之間交互傳播。這代表那位曾於一五五六年到富瓦聖文森墓園傳教的日內瓦牧師卡費赫（Antoine Caffer）曾經經過阿赫提加村，也意味著某位村民應該留有一本法文版新教《新約聖經》（或是新教教義手冊），並曾以奧克語向鄰居大聲朗讀經文（或手冊裡的教義）。即便某些村民還是選擇讓嬰兒在天主教的洗禮盤上受洗，也還聆聽著天主教神職人員講道，私底下卻企盼著村子的助理司祭總有一天會由新教牧師取而代之。在此同時，當地的天主教教會卻因為一樁紛爭而沒有餘力對新教勢力展開反擊。一五五三年左右，蓋拉赫（Pierre Laurens du Caylar）獲任命為阿赫提加的主任司鐸，卻出現另一個與他競爭的候選人，導致這件事鬧上法院，必須由土魯斯高等法院來裁決。類似事件曾於一五四〇年代發生在卡拉維希亞（Dominique de

Claveria）身上，而雅克．波厄熙也在一五三〇年代遇過這種事。巴茹教區的神職人員來自社會地位不甚顯赫的德侯家，因此在這天主教與新教競爭激烈的緊要關頭扛不起整個巴茹教區的重責大任。[9]

那麼，有證據顯示我們那對假戲真做的夫妻曾受過新教教義洗禮嗎？首先，貝彤黛的娘家荷爾一族確實改宗新教，因為他們開始幫孩子們取一些來自《舊約聖經》的名字，例如亞巴郎（亞伯拉罕）。到了十七世紀，當阿赫提加村村民大多都還篤信天主教之際，就已有一些荷爾家的家族成員為了到新教教堂做禮拜而大老遠前往勒卡赫拉城。[10]至於冒牌馬丹，我甚至懷疑他在來到阿赫提加以前就已接受了基督福音。不少人認為隆貝主教歐利維耶（Antoine Olivier）就是新教同路人，而居提勒就是來自一個新教運動興盛發展的教區[11]——只不過在一五五三到一五五六年間，居提勒可能無暇把心思擺在自己的信仰上，更何況他也許並未住在故鄉薩亞。我認為他並不是在故鄉受到新教教義薰陶，那應該是他來到阿赫提加村之後才發生的事。他不但在阿赫提加村改宗新教，也重獲新生：就算骨子裡的騙子本色尚未消失殆盡，至少不會像以前那樣開口就褻瀆耶穌，也不再是過去那個「放蕩不羈」的年輕人了。

無論冒牌馬丹到底是在哪裡改宗新教，非常值得注意的是，當他後來惹上官司、陸續到希厄與土魯斯接受審判時，無論是阿赫提加或巴茹的天主教神職人員都沒有在審判過程中扮演重要角色。在案件定讞前，出庭作證的一百八十位證人裡面肯定有天主教神職人員，但當葛哈司法官在書中略述原告與被告雙方的有力證據時，卻沒有任何天主教神職人員的證詞。同樣意義重大的是，冒牌馬丹對於兩位獲選前來問訊他的法官葛哈斯及費希耶赫（François de Ferrières）都表現得充滿敬意，而這兩位法官都是在一五六〇年就已經受到新教教義吸引，後來成為土魯斯高等法院裡立場最為堅定的新教支持者。冒牌馬丹最後還請求兩位法官回來聽他進行最後的懺悔陳詞，懺悔內容並未提及天主教信條與諸多聖人，而是只把自己當作罪人，一方面寄希望於十字架上的耶穌基督，另一方面也懇求天主的寬恕。[12]

對於冒牌馬丹和貝彤黛而言，在他們把自己當成「正牌夫妻」的那段歲月裡，新教教義能夠提供解脫之道嗎？有的，他們因此可以把自己的故事向天主訴說就好，不再需要藉由任何神職人員中介就能夠傳達。除此之外，他們憑藉自身選擇所打造出來的新人生就是天意的一部分。或許他們還曾聽說，新教大本營日內瓦在一五四五年重新制定婚姻法之後的一些迴響。根據新的婚姻法，婚姻不再是一種聖約聖事，而且妻子一旦遭到丈夫遺棄，「如果沒有給丈夫遺棄她的理由，也沒有犯下任何罪孽」，那麼在接受宗教法庭為期一年的調查後，就能獲准離婚並且再婚。[13]

但即便兩人吸收了這套思想，打算在新的人生中予以實踐，一定也知道眼前的路仍舊充滿各種不確定。就算到了新教教會法庭，要怎樣解釋居提勒重生為馬丹蓋赫這件事？冒牌馬丹贏得了貝彤黛的芳心，至少一度讓她甘願淪為共犯，但冒名頂替的他能夠指望阿赫提加村的其他村民，指望他們都不會心裡存疑嗎？

第六章　爭訟

冒牌馬丹不只是貝彤黛的丈夫，還是老桑克西的財產繼承人、皮耶的侄子，以及阿赫提加村的重要富農。就是因為這多重角色，他和貝彤黛才會惹上麻煩。

冒牌馬丹入住的那間房子，先前曾是蓋赫家老主人桑克西名下的財產。馬丹的兩個未婚妹妹很可能也回去跟他們夫妻倆一起住，因為巴斯克人的習俗就是如此。他與貝彤黛定居下來，一起融入阿赫提加村那個好客與往來熱絡的世界，大家都很樂意幫助其他村人的小孩、當其教父或教母，彼此也交易頻仍。而與馬丹家有很多互動的也包括皮耶蓋赫伉儷（如前所述，此時皮耶夫人就是貝彤黛的寡母）、馬丹已經結婚的妹妹們、貝彤黛的兄弟，還有一些後來將會到法庭上針對冒名頂替這件事作證的鄰居與友人——其中包括凱薩琳・波厄熙（多年前就是她帶著藥酒去鬧洞房，可惜沒發揮「助性」效果）、來自佩耶村的洛茲一家人、來自山城勒卡赫拉馬具商人家族的佩許、鄉農德律赫與妻子阿澤勒（阿澤勒的父親來自帕米耶，母親則是阿赫提加人，她也許就是蓋赫家小女嬰貝荷娜德的教母）。這些人原本就是由多個和睦鄉閭家庭組成的人際圈。[1]

展開務農生活對於冒牌馬丹來講不是困難事，無論是種植小麥、小米、葡萄或是牧羊，都是先前他在隆貝教區都已熟悉的農活。由於故鄉薩亞村附近也有磚瓦工廠，冒牌馬丹對於這行業應該不至於感到陌生，不過在他與別人的交易清單裡面並沒有磚頭這種產品，看來家庭事業的主導權還是掌握在皮耶蓋赫手中。令人印象深刻的是，冒牌馬丹活用蓋赫家的資產，積極參與商業活動，把自己形塑成邦蓋勒那類的「鄉閭商人」，在列茲河沿岸地區甚至更北邊的地區從事穀物、葡萄酒與羊毛交易。在朗格多克地區，商業成就最高的鄉間資本家都會選擇成為龐大產業的放租管理者，但阿赫提加村的鄉間商人很難走上這條路，因為整個行政區裡都沒有貴族或修道院的房產。雖然一五五八、一五五九兩年的交易紀錄付之闕如，但也許冒牌馬丹跟某些鄉間商人一樣，在那兩年出資購得阿赫提加的收稅權。他當然也會參與買賣各種貨物及出租土地等商業活動。也就是說，老桑克西在世期間努力不懈地積攢各種房產與資產，並選擇在遺囑中留給多年來音訊全無的繼承人馬丹，而冒牌馬丹在來到阿赫提加之後，的確也把那些遺產好好活用在各種商業行為上。[2]

貝彤黛肯定很高興自己終於盼得這一轉變，因為鄉間商人之妻往往也會成為商人，她當然也不例外。不過皮耶蓋赫卻開始對他們倆橫加阻撓。皮耶最初對於「侄子」能夠回村也感到高興，還跟佩耶村的幹事尚洛茲（Jean Loze）等好友們吹噓馬丹有多厲害。但隨著冒牌馬丹開始出售自己的世襲財產，問題就來了：如前所述，由於列茲河谷地區的土地市場非常活絡，這種商業手法並不是什麼新鮮事，只是有違巴斯克人習俗。為了避免蓋赫家遺留在昂代村的祖傳房產閒置浪費，冒牌馬丹提議將其出租，甚或出售，而這一定讓皮耶蓋赫恐慌不已。[3]

除此之外，手握大權的蓋赫家家長皮耶之所以會怒火中燒，是因為馬丹還做了另一件事：冒牌馬丹想瞭解老桑克西去世後所有財產是怎樣處理的，因此請求皮耶交出帳目，因為皮耶正是侄子所繼承全部財產的管理人。冒牌馬丹非常客氣地提出請求，因為當年他還是大騙子龐塞特時，總是因為「講話好聲好氣」而讓計謀得逞。而他之所以要求皮耶交出帳目，就是因為懷疑皮耶暗槓了一部分馬丹應該繼承的遺產。無論如何，他希望皮耶能夠吐出擔任遺產管理人那些年所獲得的利潤。有很長一段時間裡，雙方只是像鬥嘴般你來我往，還沒到惡言相向的地步，但冒牌馬丹終於在一五五八年底到隔年初之間前往希厄告官，對皮耶提出民事訴訟，希望法官能為其主持公道。[*]

其實這種爭訟事件在農村家庭屢見不鮮。根據拉布赫地區的習俗，照理說皮耶在擔任遺產管理人之初就該把應由侄子馬丹繼承的所有財貨造冊列管，並且提出一筆保證金來確保他會原封不動地返還那些財貨，否則侄子有權沒收保證金。根據希厄教區的法規，就算寡婦對丈夫的財貨擁有處置權，等到兒女成年後也應該交出帳目，除非丈夫在遺囑中非常具文寫下妻子的處置權「不容他人置喙」。事實上，阿赫提加村的居民總能和善地處理這類家務事，或是在公證人見證下由遺產管理人把帳目與遺產衍生的收入交給繼承人，如此便能避免雙方誤會。[4]

然而，皮耶蓋赫卻覺得冒牌馬丹的要求太過火。有可能是皮耶覺得自己

---

* 針對這樁官司，葛哈斯法官在書中只說，冒牌馬丹對皮耶蓋赫「提起訴訟的部分僅限於拿回原本該由他繼承的所有貨物——至於返還利潤與交出帳目這兩項要求，其叔則是置之不理」（三十三至三十四頁）。從這樣的敘述看來，這對「叔侄」最後應該是談成了訴訟的和解條件，也就是皮耶同意把其餘遺產交出來，而冒牌馬丹則是同意不再要求取得帳目，也不追究那些遭皮耶侵占的利潤。

在馬丹離家在外那些年幫忙管理遺產，卻沒獲得半點好處；有可能是他覺得既然侄子「是自己從小帶大」，那就不該如此見外把一切財產都按照白紙黑字處置，當然更不應該把這種家務事訴諸於法律；也有可能是皮耶如今身為蓋赫家一家之主，自覺權威受挑戰而心懷怨懟——既然他拒絕了，那侄子就該接受。當然還有可能就像冒牌馬丹所宣稱的，皮耶「心懷不軌」，想要把那些財貨與收入占為自家人所有，除了女兒與女婿，誰也別想分一杯羹。

總之，皮耶在這個聰明的冒牌馬丹出現時就曾抱持懷疑，疑慮雖曾一度消散，如今卻又重現於他的腦海之中，甚至變本加厲。令皮耶納悶的是，為何馬丹遺忘了那麼多巴斯克語彙，而且其中有些話應是他童年就講得滾瓜爛熟的？為何馬丹不再像以前那樣喜歡擊劍比賽，也不愛戶外運動了？本來他以為侄子只是因為長大成人而身材變形，但如今疑慮重現，身形矮壯的馬丹就越看越奇怪。每當他仔細端詳小桑克西的臉龐，就覺得那孩子一點也不像貝彤黛的枕邊人。最重要的是，「巴斯克人向來誠實無欺」。想當年，馬丹蓋赫光是偷了父親一點穀物就遠走他鄉，把本可繼承的財產都拋諸腦後。如今，皮耶怎能容忍一個無恥的冒牌貨把兄長桑克西的遺產全都偷走？

皮耶認定眼前這個馬丹就是冒牌貨，也讓妻子與女婿們相信了這可怕的真相。貝彤黛的寡母與丈夫一個鼻孔出氣，絕非僅僅因為她是個順從的配偶，也是因為她是一個生性務實的女人及好母親，會為女兒的最佳利益著想。多年前馬丹不能人道時，她不是還曾懇求貝彤黛應該與他分開，嫁給更好的對象嗎？如今她也絕對不會容許女兒因為與冒牌貨通姦而導致名節毀於一旦。皮耶夫妻倆聯手逼迫貝彤黛，希望她能把目前與她同住的冒牌貨告上法院，但貝彤黛堅持拒絕了。

接下來一年多的時間，蓋赫家就這樣分裂成兩派，爭執甚至擴及整座阿赫提加村與外地。皮耶蓋赫到處放話，說這位返鄉的馬丹是冒牌貨，還說自己被矇騙了好幾年。他甚至請求好友尚洛茲幫他籌錢，找人來把這冒牌貨殺掉，卻遭尚洛茲拒絕。尚洛茲對此非常震驚，認為皮耶不該對侄子心存歹念。至於冒牌馬丹，則是逢人便說叔叔不想交出帳目，才會編出這種荒誕的故事。阿赫提加村的鞋匠表示，若他是正牌馬丹蓋赫，為什麼多年後雙腳的尺寸會縮小那麼多？馬丹的妹妹們則是異口同聲，堅稱這位馬丹絕對如假包換（有可能是因為她們更希望哥哥而非叔叔皮耶能當上一家之主，手握財產的掌控權）。皮耶的女婿們則直指這位馬丹是個騙子。（貝彤黛的兄弟對這事有何看法則未留下紀錄。）貝彤黛的立場堅定無比，她悍然挺身護夫，表示他就是「我丈夫馬丹蓋赫」。據說她的原話是：「如果他不是我丈夫馬丹蓋赫，那就是披上馬丹外皮的惡魔，否則我哪裡會上當？我非常瞭解馬丹，如果有誰敢提出反對意見，那我一定會跟他拚個你死我活。」皮耶蓋赫後來帶著女婿們來找麻煩，甚至抄起一根棍棒想打死冒牌馬丹，據說貝彤黛撲上前用自己身體護住丈夫不受傷害。[6]

從一五五九年春天到夏天，阿赫提加村的幹事們無疑曾在許多聚會上討論過蓋赫家的紛爭。由於紛爭兩造在村中各有支持者，幹事們無論如何努力也無法成功扮演和事佬角色，平息爭議。某些人覺得返鄉後的馬丹是個顧家男子漢，成功扮演好丈夫與鄉間商賈的角色，而叔父皮耶根本就是覬覦財產才會不惜毀謗。另一些人則認為馬丹油腔滑調，只是貪圖蓋赫家這個望族的聲譽。其他人則是不確定真相為何。嚴格來說，這雙方都非常敬重蓋赫家，只不過其中一方比較贊同馬丹，認為年輕人想要暫時離開家鄉、到外面去看看世界並沒有什麼不對，而且大可以自己決定要怎樣使用與分配財產；另一方則是比較看重老一輩的決定，對馬丹離家出走的往事還是頗有微詞，覺得家族成員的行為必須要有長期穩定性。

我們能否從這一意見分歧背後，看見村中更深層的社會差異呢？這是個有趣的問題。葛哈斯法官日後表示，無論是在阿赫提加村或周遭地區，支持冒牌馬丹與支持皮耶的勢力在人數上其實相去不遠，不過對於蓋赫家以外的人士，葛哈斯只有明確指出三個人的立場：凱薩琳．波厄熙與尚洛茲支持馬丹，鞋匠則支持皮耶。可以確定的是，阿赫提加村的社會結構並不是以宗族之間的嚴格界線為基礎，也不像大概兩百五十年前的蒙大猶村那樣涇渭分明，區分成克萊格家與阿澤馬家兩大陣營。十六世紀的政治體制有利於阿赫提加與鄰近六個村落的望族世家相互結盟：邦蓋勒家族、洛茲家族與波厄熙家族各自有交際圈及靠他們過日子的人，但透過公證人訂立的契約文書，我們可以看出三大家族的交際圈互有重疊。如果有類似馬丹蓋赫事件的爭執發生，相同家族的人不見得就會站在同一個陣營——也就是說，家族的分際並非一道不可踰越的紅線。[7] 如果要我針對馬丹蓋赫事件大膽揣測，我想當地的新教支持者應該會傾向於相信後來返鄉的馬丹，至於天主教徒則大多會選擇相信皮耶。

一五五九年夏末與秋天發生了兩件事，使馬丹與貝彤黛陷入遠比先前更艱難的困境。一位來自侯旭弗（Rochefort）的軍人經過阿赫提加村，多位村民見證表示，這位軍人在看到爭議人物馬丹蓋赫後便宣稱這位馬丹是冒牌貨，正牌馬丹應該還在法蘭德斯，而且兩年前因為參與圍攻聖康坦的戰役而失去一條腿。正牌馬丹應該穿戴一條木頭義肢——那位軍人撂下這麼一句話，然後就離開阿赫提加村繼續旅途。[8]

經過十一年音訊杳然的日子後，有越來越多證據指出正牌馬丹也許還活著，而且眼前馬丹是個冒牌貨。皮耶蓋赫能把冒牌貨告上法院的可能性看來也越來越高。馬丹與貝彤黛夫妻倆必須做好準備，才能在法庭上駁倒皮耶，而此時他們可能已經做好沙盤推演，擬好了日後幾次審案期間所採行的策略。馬丹的證詞必須完整到滴水不漏，對於馬丹蓋赫生平事蹟的每個面向都瞭然於胸，包括他在拉布赫時代的童年往事也不能遺漏，而且必須與貝彤黛的證詞完全吻合，更得包含一些只有夫妻倆才知道的私密細節。如此一來，法官才有可能斷定他就是貨真價實的馬丹蓋赫，讓貝彤黛的繼父皮耶再也無話可說。

居提勒就這樣又開始進行各種預演。他必須重溫馬丹的往日事蹟，包括馬丹與貝彤黛的婚禮、參加過的各種節慶活動、馬丹性無能的過往，還有解除魔咒的過程。貝彤黛費盡心思，就為了想起她與正牌馬丹的某次床笫體驗，甚或還予以加油添醋，藉此可以讓庭上所有人都大吃一驚。（葛哈斯法官事後表示，那一段證詞「真是不大好說出口或寫下來，但任誰都可以一聽就懂」。）[9]

另一次打擊很快就降臨在這對夫妻身上。拉奴村領主戴斯寇納博夫的一間農舍遭大火焚毀，而這位領主指控冒牌馬丹就是縱火犯，並且請土魯斯的行政首長將馬丹關押在城裡的監獄。戴斯寇納博夫家是列茲河河谷地區的貴族世家之一（儘管地位不是最高一級），而戴斯寇納博夫名下的房產都位於阿赫提加村西邊不遠處。戴斯寇納博夫也曾在阿赫提加村收購土地，並且在一五五〇年跟邦蓋勒家族一樣購得了抽取稅金的權利。阿赫提加的村民向來以不受仕紳階級統領為傲，因此我們不難想像，這位領主的農舍實際上是遭到某些心懷怨懟的村農焚毀。然而，戴斯寇納博夫確實針對近年來暴富的鄉間商賈馬丹蓋赫，而偏偏馬丹又是近來那樁真假醜聞的主角。戴斯寇納博夫顯然接獲了皮耶蓋赫的線報，在針對馬丹提告的過程中對法官表示：此刻已鋃鐺入獄的那位馬丹其實是冒牌貨，「篡奪了另一個男人的婚床」。[10]

貝彤黛非常崩潰。馬丹入獄後，她似乎又開始過起寄人籬下的日子，回到母親與皮耶蓋赫的家同住。[11]她帶著錢財與其他必需品去土魯斯給身繫囹圄的冒牌馬丹，而這也許是她三十二年的人生中首度有機會造訪土魯斯。她也藉此清楚表達出自己的立場：獄中這個男人就是她丈夫，而皮耶蓋赫與他妻子試圖逼她就範，要她提出不利於馬丹的證詞。儘管戴斯寇納博夫指控這位馬丹是縱火犯，證據卻過於薄弱。如果他是阿赫提加村的領主，或許判決就會有利於他，但他不得不到行政首長的官署去撤回縱火罪的告訴，馬丹自然也就獲釋了。[12]

在此同時，皮耶蓋赫已著手調查這位冒牌馬丹的真實身分。在這個人際往來及商業交易如此頻繁、流言蜚語又廣泛傳播的地區，皮耶竟然沒有更早得知冒牌馬丹的底細，實在令人感到訝異。冒牌馬丹在四處遊歷的過程中當然留下過不少線索。例如在薩亞村南邊的村莊普伊德圖日（隸屬於希厄教區），就有個客棧店主指出他就是居提勒。店主表示，居提勒要他別聲張以免壞事，因為「馬丹蓋赫在死前把所有財產都留給我」。還有個叫做李貝侯（Pelegrin de Liberos）的傢伙甚至知道他的綽號叫做龐塞特。冒牌馬丹要他別向他人透露這事，卻又忘記自己正在扮演馬丹，還拿了兩條手帕給李貝侯，要他轉交給自己的兄弟尚．居提勒。[13]

皮耶蓋赫獲悉這類傳言，如今已能明確指出闖入蓋赫家的冒牌貨叫什麼名字：一輩子都在行騙使壞的薩亞村民居提勒，別名龐塞特。但為了要將騙子繩之以法，皮耶也非得下海騙人不可。他向希厄的法官謊稱自己是貝彤黛的代理人——勒佛薩鎮的公證人貝古拉去阿赫提加村幫村民撰寫契約時，總是選擇皮耶家為工作據點，所以皮耶提交的代理人文件很可能就是貝古拉幫忙公證的。身為貝彤黛的代理人，皮耶成功讓有關單位針對這位自稱馬丹蓋赫的男人進行正式調查，而且准許由皮耶帶著幾位武裝人員將馬丹逮捕下獄——因為當時法律規定，如果遇到這種能夠認定嫌犯可能逃逸的特例，而且嫌犯「聲名狼藉，犯下數樁滔天大罪」，就能採取這類非常行動。[14]

一五六〇年一月，冒牌馬丹從土魯斯的監獄獲釋返家，皮耶已經做好對付他的萬全準備。貝彤黛以柔情密意歡迎馬丹，為他洗腳，還與他同床共枕。隔天一大早，皮耶與他的女婿們帶著武器找上門，以貝彤黛代理人的身分將馬丹逮捕，綁赴希厄的監獄。[15]

* * *

容我在此暫歇片刻，先思考一下這種情況是否真的無可避免？或者這麼說好了，假使正牌馬丹蓋赫後來並未返鄉，那麼居提勒是否真能躲過法律制裁？我幾位比較務實的史學界同行曾經說過，要是冒牌馬丹沒有跟皮耶索取帳冊，或是在家族財產事務上比較聽話、不跟皮耶斤斤計較，那麼他大有可能假冒馬丹多年，也根本沒有人會在意他究竟是真是假。但另一方面而言，前不久我曾親自與阿赫提加的村民聊起四百年前關於貝彤黛與居提勒的故事，其中幾位熟悉這則古老傳說的民眾露出微笑，聳肩表示：「那一切都沒什麼不好，只不過那個小流氓真的有說謊啊。」

我想阿赫提加村民們的說法應該與真實答案比較接近。雖然精明而富有遠見的居提勒有可能早就幫自己編好了另一套說詞，而且說謊的阿赫提加人不是只有居提勒一個（如前所述，皮耶蓋赫也是造假犯，而且在我把故事說完前還會提及其他幾個說謊的人），但居提勒的謊言畢竟比較嚴重，是個瞞天大謊，尤其是有那麼多人被他騙得團團轉，因此無論是在個人情感或社會關係上都會產生很麻煩的後果。[16]

如果不是有大批村人與蓋赫家成員持續配合演出，居提勒也沒辦法成功冒充馬丹蓋赫，因為這一犯罪行為需要眾人在某種程度上認同他才有辦法進行。他不是莎翁筆下佞臣伊阿果的鄉村版，邪惡到有辦法在村子裡挑撥離間。但在他冒名頂替、成為持家有方的蓋赫家少主人與小桑克西的父親後，馬丹當然不可能承認自己是在說謊，也不可能讓村人有機會原諒他。正因如此，村子裡的人際關係與蓋赫家的家族關係就不可避免地開始瀰漫著不安、不確定及小心翼翼的氛圍。當人們開始公開討論馬丹究竟是不是冒牌貨，也就是開始懷疑他是不是跟以前一樣使出魔法。居提勒更年輕時也曾面臨這樣的指控，但這次指控背後卻蘊含更強烈的恐懼。

在居提勒的內心世界裡，因為他說了謊，自然會與其他村人保持距離，或許連他自己都感到困擾。如前所述，我認為他不只是個想奪取馬丹蓋赫財產就逃之夭夭的冒牌貨。雖說身為巴斯克人，皮耶蓋赫確實有理由害怕冒牌馬丹持續出賣祖產或要求他交出帳冊，但這肯定不是真正的問題所在。因為我們大可以換種方式解釋，把冒牌馬丹的作為說成朗格多克地區鄉農可接受的創意之舉（冒牌馬丹的支持者一定也曾抱持這種看法）。只不過，冒牌馬丹想要的是永久留下，每當他外出辦事或旅行，總是會回到貝彤黛的婚床。

從他向皮耶索取帳冊的行為，其實已能看出他有多融入自己扮演的角色。即便如此，在內心深處他肯定抱持著某種自外於阿赫提加的想法。這種想法大概不會太有創意，無法讓自己不融入阿赫提加的群體心裡卻又不會過意不去——好比對自己說：「既然我是基督徒，那應該可以超脫這一切。」大概也不是那種讓自己在阿赫提加生存下來的洞見，例如：「我是巴斯克人，這裡並不是我真正的故鄉。」我想居提勒抱持的只是那種比較不知廉恥的解脫之道，只消對自己說「我完全不用對這些人負責」就可以過得去了。

對於知道真相的貝彤黛來講，居提勒的謊言還帶來了其他負面影響。在居提勒出現以前，她已經竭盡所能為自己打造出比較好的生活，充分利用了身為女性的一切餘裕跟想像力。她也自豪於能保持貞潔與遵守婦德，同時也像後來在法庭上所說的，她還敬畏天主。她想要以母親與蓋赫家女性成員的身分積極參與阿赫提加村的社會，不想被邊緣化。她還希望兒子能夠成為財產繼承人。所以，問題就來了：天主會因為這個謊言而懲罰她與兒子嗎？如果這是一樁假戲真做的婚姻，那麼她在母親與其他村婦眼裡是個出軌的無恥蕩婦嗎？當時有人說通姦生下的小孩從一出生就帶著父母的罪孽，那麼她女兒貝荷娜德是否生來就帶著汙點？[17]她愛上了冒牌馬丹，但也曾經被他騙過一次，冒牌馬丹有可能不再欺騙她嗎？還有，假使正牌的馬丹蓋赫回來了，那又該怎麼辦？

* * *

冒牌馬丹遭綁赴希厄的監獄後，那一整天貝彤黛都承受著來自母親與繼父的龐大壓力。他們逼她正式為皮耶的詐騙行徑背書，甚至威脅她，如果不就範就將她掃地出門。貝彤黛可不是好欺負的，固執的她內心自有盤算。她假裝同意在控告居提勒的這樁官司上擔任原告，但暗自策畫讓自己打輸官司。她會按照先前跟冒牌馬丹沙盤推演的那樣去法庭上作證，但願法官會宣判居提勒就是她的丈夫無誤。有鑑於她內心有著前述諸多疑慮，而且過去幾個月來冒名頂替這件事好幾次差點東窗事發，她也決心為打贏官司做好萬全準備，無論這會為冒牌馬丹帶來多恐怖的後果。白天時，她照樣到希厄的牢房去送錢跟衣服給冒牌馬丹，同時在那天夜裡假裝屈服於母親與繼父的壓力。貝彤黛承諾，自己會認可繼父假冒的代理人身分與諸多行徑，在希厄法庭開庭時以原告身分出席，同時在承審法官面前與那位假冒她丈夫馬丹蓋赫身分的男子對簿公堂。[18]

第七章　在希厄的審判

對於阿赫提加的各家族來講，希厄的法院肯定不是個陌生的地方。地方上總有無法私下和解的爭端，最後難免會訴諸於爭訟才得以畫下句點。洛茲家就曾把並未住在派駐地的希厄主教告上法院，因為主教未能及時發放一筆積欠希厄教區的津貼。農夫之間因為土地所有權而引發的訴訟也是屢見不鮮，邦蓋勒家的女兒珍也曾與另一位女性繼承人對簿公堂。[1] 到了馬丹蓋赫的案子開始進入審判程序，許多出庭作證的人多少都已瞭解，法國國王治下的司法體系不是只會讓人民付出代價，而是可能帶來潛在的好處。

在土魯斯高等法院的大大小小官吏中，法官所領取的薪水只能算中等，但在希厄教區裡，他卻是一位舉足輕重的大人物，其威望與權力足以與各地領主相提並論。法官維西耶（Firmin Vayssiere）應該在一五六〇年前就已經上任，天主教信仰立場堅定的他擁有開業律師執照。後來他銜命調查希厄教區裡幾樁胡格諾派教徒攻擊教會物業的案件。[2]與維西耶一起面對這樁司法生涯中最撲朔迷離案件的，還有法王派駐於希厄的訴訟代理人及法院的諸位律師。

在十六世紀法國，以詐騙錢財為目的的冒名頂替罪行是一種重罪。該罪並無固定刑罰，但只要法王的訴訟代理人加入了所謂的「民事責任追訴方」（也就是原告貝彤黛），被告所面臨的威脅可不只是罰款那麼簡單而已。若遭定罪，被告有可能遭處以肉體上的刑罰，甚至死刑。由於此類案件事關某位男子的名譽與性命，斷案時所憑藉的證據就必須「確切且無可質疑，彷彿白晝般清晰明朗」。[3]但在那個還沒有照片、錄音帶、身分證及出生證明的時代，不但驗指紋*的技術尚未問世，肖像畫也相當罕見，就算留有教區紀錄也不是非常嚴謹，要怎樣才能夠確切且無可質疑地確認某人身分呢？當然可以盤問對方有關其身分的種種記憶，但可別忘了，對方也可能因為受過訓練而通過測驗。或者法院也可以找證人來指認，但這就必須寄望證人的證詞精確且沒有說謊。透過臉上與身上的特殊標記來確認也是另一種方式，但只有證人能記得那些標記時才能派上用場。除此之外，也可以看此人的長相與家族其他成員是否相似。筆跡能當作檢驗依據，前提是被檢驗者及可能遭冒名頂替的人都會寫字才行，而且還要取得可能遭冒名頂替者的手跡。無論是哪一種證據，希厄的法庭都必須設法建構出某種程度的真相。為了取證，法庭也會設法取得村民對馬丹蓋赫的呈堂供述。

審判過程的第一步，就是由民事責任追訴方指定證人，再透過證人獲取

---

* 一九二七至一九三一年之間發生於義大利杜林的卡內拉（Giulio Canella）教授奇案名噪一時，也顯示即便在指紋檢驗的技術問世後，仍然會有爭議。從指紋看來，那位身分有待確認的男士應該就是印刷工布魯奈里（Mario Bruneri），不過卡內拉教授的妻子還是堅稱那個人就是她丈夫。（Leonardo Sciascia, *Il teatro della memoria* [Turin, 1981].）

供述，而這名單無疑是由貝彤黛與皮耶共同決定的。[4]（皮耶找來的證人當然是有利於指控的，至於貝彤黛則反過來希望證人的證詞可以讓指控站不住腳。）由於相關費用都必須由民事責任追訴方給付，為了節省開支，取證地點應該不在希厄，而是在阿赫提加或鄰近該地之處。我們不難想像當年的情況有多慌亂。在場的除了法官（或者法官代理人）之外，於一旁提供各種相反意見的還有諸位當地的公證人，以及從勒佛薩鎮取得法學士學位的波厄熙家小少爺多米尼克。法官會要求證人先宣示自己所說的都是真話，證詞陳述完畢後會由提問的司法人員逐字逐句複述證詞（當然不一定會照著唸，但至少程序上應該如此進行），如此一來證人才有機會針對自己的說法進行修改或者增添內容。如果識字的話，證人還必須在書面證詞上署名，否則就是畫押。

等到法王的訴訟代理人把所有證詞全部瀏覽一遍，並且提出意見後，法官就可以在希厄的法院開庭審理此案。法庭會提審身繫囹圄的冒牌馬丹，針對皮耶的指控審問他，檢視他能否完整道出馬丹蓋赫的畢生經歷，並且傾聽他如何為自己辯解。下一道程序是對原告貝彤黛提問，接著法官必須再次審問被告，看他的說法是否與原告貝彤黛吻合。由於民事責任追訴方所提出的證人都支持被告的說法，所以此時法官會開始察覺冒牌馬丹的自辯陳詞有可能為真——也就是說，貝彤黛其實並不想告他，只是受到皮耶蓋赫的脅迫而身不由己，才會配合演出。貝彤黛接著會在法官的安排之下，不用繼續寄人籬下。她離開皮耶家，暫時遷居他處。*

* 葛哈斯法官表示被告要求將貝彤黛安置於「當地可敬人士的某間房舍裡」，法院方面也照做。（頁三十七、四十五）葛哈斯對此的評論是：「如果是在以前」，遇到這種情況的女性一般都會被安置在女修道院。（頁三十八）希厄教區有四間女修道院，全都是提供給女性貴族的住所，而且地點都不是位於阿赫提加與希厄附近，包括鄰近小鎮勒馬斯達濟勒，位於薩朗克且規模較大的女修道院，還有三間規模較小的女修道院，分別位於隆加日、葛哈斯迪厄、聖克瓦——沃勒偉斯特。（L. H. Cottineau, *Répertoire topo-bibliographique des Abbayes et Prieurés* [Macon, 1935-1939], cols. 1315, 1643, 2183, 2932）貧窮修女會在帕米耶地區也有一間館舍。不過前述地點對於貝彤黛來講都不敷實際用途，所以她很可能一開始是借住於阿赫提加村某戶值得信賴的人家，待她要去希厄作證時，則是投宿於當地某個家庭。

被告與證人對質。資料來源：Jean Milles de Souvigny, Praxis criminis persequendi (Paris, 1541)，哈佛法學院圖書館典藏室。

接下來證人需要接受覆訊，並且與被告對質。（相關費用仍是由民事責任追訴方支付。）透過這環節，法官得以斷定證人的說法與當初的供述是否相符，也會傳喚被告出庭。一開始，甚至在還不知道證人到底說了些什麼以前，被告就會針對證人的說詞進行對質，反駁證人，質疑證人的可信度。被告只有這個機會可以用來反駁那些提出指控的證人，藉此讓法官對證人的品性產生懷疑——被告只能使出渾身解數才能脫身。接著，法庭人員會大聲朗讀證人的供述內容，必要時被告就會挑戰證人的說詞，除了為自己進行辯解之外也要對證人提出質疑。

有些案子在雙方對質後就結束了，因為經過這項程序之後，法王的訴訟代理人及法官就已經對被告是否有罪瞭然於胸——馬丹蓋赫的案例顯然不是如此。被告馬丹已經明確指出，有哪些證人的說法能夠支持他先前在法官提審訊問及證人對質時的自辯之詞。貝彤黛還沒有對他撤告，不過馬丹非常確定自己有辦法證明她是遭皮耶教唆才會對自己提告。法官對於貝彤黛提出的證詞也不甚滿意，因此想更深入瞭解這位來自農村阿赫提加的謎樣女子，同時研究其他證人的信譽，以及目前在監獄裡的那個男人到底是不是馬丹蓋赫。法王的訴訟代理人銜命為被告召集諸位證人，而這次輪到他必須支付相關費用，而且必須預先繳錢。訴訟代理人會前往阿赫提加村、薩亞村及周遭其他地方的教堂，把所有證人召集起來，在他們面前朗讀一份被稱為「告誡書」的信件，語帶威脅地訓誡他們，如果知道真相就必須對法官實話實說，否則將面臨遭逐出教會的懲罰。儘管新教徒可能會對教會神職人員的權威存疑，但他們肯定也會把這番警告當成一回事，不想因此遭逐出教會。[5]

在這樁官司結束以前，總計有一百五十人前往希厄的法庭上作證。本案涉及兩個教區的多座農村，村人開始議論紛紛：這個自稱馬丹蓋赫的男人被迫離開熟悉的鄉野與家庭，鋃鐺入獄後到希厄的法庭上接受審判，但到底如何能確認他的真實身分？幾乎所有阿赫提加村的證人都至少有一項共識：當那位鋃鐺入獄的男子來到他們之間時，能在跟大家打招呼時叫出每個人的名字，也能準確說出他與眾人多年前曾經一起做過什麼事，就連當年情境也一清二楚。除了這項共識，大家可說是意見分歧，而那些來自其他地方的證人也是如此。至少有四十五位證人表示，那個自稱馬丹蓋赫的傢伙其實叫做居提勒，綽號龐塞特，或至少肯定不是馬丹蓋赫本人，因為他們打從小時候就曾與馬丹（或居提勒）同桌分食共飲。這些證人包括巴侯（居提勒的舅舅，住在勒潘村）、很久以前曾與居提勒訂過合約的幾個人，還有另外三個男人（在官司開始前他們就已認出獄中被告並非貝彤黛的丈夫，而是居提勒）。但在另一方面，大約有三四十人表示被告肯定是馬丹蓋赫無誤，他們是從小就認識馬丹的證人，包括他的四個妹妹、兩個妹夫，還有當地最負名望家族的成員凱薩琳．波厄熙。

這些在馬丹蓋赫離鄉背井之前就認識他的證人，必須根據自己至少在十二年前的記憶來提供證詞。農夫農婦照理說應該都有很好的記憶力，善於記住看過的東西，因為他們工作時往往必須把很多景象、形狀與顏色牢記於心中——只不過，來自各方的證詞還是有很多相互矛盾之處。某些證人主張正牌馬丹應該比被告更高、更瘦、膚色更黑、鼻子更扁、下唇更翹，而且眉毛上應該要有一道疤痕，但被告並沒有這些特徵，所以是冒牌貨。鞋匠也出面指認正牌馬丹的鞋子尺寸應該比被告還要大。其他幾位證人則是堅稱馬丹蓋赫有暴牙、額頭上有疤、右手上面有三顆疣，而這一切外表特徵在被告身上都有。

最後，還有大約六十幾名證人拒絕指認被告——無論他們認為他是正牌或冒牌馬丹。這些人不願選邊站，也許是因為害怕日後遭到報復。假使被告最後獲判無罪，那他們難免吃上毀謗官司；如果他們證實被告就是馬丹蓋赫，那就會得罪皮耶。這些人當然不會承認這是真正的理由，因此公開的說法比較簡單一些：撇除那些關於嘴唇、眉毛與鼻子等特徵的證詞不論，被告看起來確實與馬丹蓋赫有幾分相似。他們宣稱自己無法確定被告到底是或不是馬丹，而既然這起官司事關重大，怎能假裝自己有辦法做出判斷？[6]

在審判進行的幾個禮拜期間，原告貝彤黛的日子想必過得很煎熬，而且形單影隻。她住在不熟悉的環境裡，與冒牌馬丹分隔兩地，而馬丹肯定也是一顆心七上八下，害怕遭她背叛。貝彤黛的母親與繼父當然希望法官最後能判處牢裡的騙子死刑，或至少判他必須服勞役，到軍艦上擔任划槳手。貝彤黛的四位小姑們無疑也會覺得很納悶，怪嫂嫂一開始就不該把這件事鬧上法院。貝彤黛到底是烈女或淫婦？這個問題已經成為街頭巷尾的熱議話題，不只在列茲河河谷地區，甚至在更遠處的教堂裡都有人拿著告誡書大聲朗讀，提出自己的看法。貝彤黛的證詞必須滴水不漏，內容不能超過被告過去對於馬丹蓋赫所瞭解的一切，否則被告的說法就有可能露出破綻，如此一來連她都可能吃上通姦罪的官司。如果想要全身而退，她就必須把自己塑造成一個容易上當的女人，而這種技巧堪稱古代女性在面對司法官員時為了有利於自己而常常使出的王牌。[7]

到希厄去之後，開庭前貝彤黛可能還有機會與律師先談一談，但在法官、書記官與法王的訴訟代理人面前，她就只能完全靠自己了。即便在阿赫提加村她總是不屈不撓，有話直說，但如今置身於這個由男人主宰的世界裡，她卻很難做到為自己暢所欲言。但貝彤黛還是回答了法官一連串問題，從她與馬丹蓋赫太早締結的婚姻，到馬丹後來離鄉背井，還自願描述了一些先前並未提出的細節。她肯定在法庭裡論及馬丹蓋赫不能人道的往事，還有後來他們如何克服這問題，也提起了他們倆之間一件更為隱密的閨房私事。他們的婚禮是在很早以前就舉辦，而因為在新婚之夜連婚床都沒有，貝彤黛只能先跟表姊妹同床共枕，而且雙方約定好只有在這位姊妹睡著後馬丹才能偷偷爬上床。（關於新婚之夜發生的事，勒蘇厄赫只敘述到這裡，但貝彤黛其實還沒說完，她接著詳細訴說「在那祕密的圓房之舉以前、過程中及以後，他們陸續做了哪些事」。[8]）

直到與被告對質以前，貝彤黛都非常完美地扮演了她的雙重角色。對於被告來講，這也是個如履薄冰的時刻，馬丹必須小心翼翼地反駁她的可信度：沒錯，貝彤黛的確是個「可敬的貞婦」，所說的一切全是實話，但她之所以會指控被告是冒牌貨，皆是受到皮耶蓋赫脅迫，迫於無奈而說謊。接著，為了測試貝彤黛對他的愛，也為了表達自己的愛意，被告向法官表示，如果她願意發誓堅稱他並不是自己的丈夫馬丹蓋赫，那麼自己願意接受庭上所選擇的任何一種死刑。對此貝彤黛以沉默作為回應。[9]

如果說馬丹蓋赫之妻在審判期間一方面必須扮演原告角色，另一方面卻又希望官司打輸，內心因此分裂成兩個自我，那麼冒牌馬丹似乎就是把自己當成了正牌馬丹，自我認同完整無比。在眾目睽睽之下，聰明敏銳的他必須盡全力證明自己就是馬丹蓋赫，他的回憶可不能出任何差錯，無論是要描述婚禮那天某位賓客穿了什麼衣服，抑或是如何在三更半夜溜上貝彤黛與表姊妹共享的那張床。他高談闊論著自己離開阿赫提加後在法國、西班牙的種種事蹟，指出有哪些人可以驗證自己的說法絕非杜撰（法院的確派人去查，這些人也都幫忙背書了）。與諸位證人對質時，他的表現肯定是厲害無比——

葛哈斯法官表示他「讓對手毫無招架之力，提出有理有據的各種質疑」，不但讓巴侯無法反駁，也化解了其他「對被告非常不利的各種詳盡事實」。[10]他到底說了些什麼？對此我們大概只能想像。他也許是對巴侯說：「我這輩子從來沒見過這傢伙。如果他是我舅舅，那為什麼他找不到能證明這種說法的其他家族成員？」也可能是這樣回敬鞋匠：「這傢伙就是皮耶蓋赫的酒友。他說我的腳尺寸比較小？那請他拿出相關紀錄。還有誰能夠證明他不是在說謊？」

看來，就算法院並未給予優惠待遇，為被告提供法律諮詢，冒牌馬丹在庭上還是表現出色。根據法王於一五三九年下達的《維萊—科特雷敕令》，法院可以拒絕讓刑事案件被告獲得法律諮詢權。（不過，根據近年來的研究顯示，法院並不常引用這樣的規定。）[11]如果有律師代表被告方，那應該可以非常得心應手地幫忙冒牌馬丹，因為自從他遭人持械在破曉前逮捕以來，這案子可說是破綻百出。他也大可聲請停止審判，提出上訴。儘管法王的訴訟代理人必須到各地宣讀「告誡書」，而且證人數量龐大，這樁案子還是只用了幾個月時間就結束審理。也許有人會提出質疑：就算被告再怎樣聰明且耳力出眾，難道真能很快就想出各種辯駁之詞，瞞過庭上諸位法學素養深厚的承審人員？事實上，被告在為自己辯護時都只是聚焦在一個問題上：皮耶蓋赫會對他深惡痛絕，就是因為要爭產。皮耶想殺他卻未能得逞，所以才會跟女婿們一起想出這種陰謀詭計來對付他，甚至編造出「冒名頂替」這種新的罪名。冒牌馬丹表示：「若說這世上有丈夫曾遭到近親虐待且受盡冤屈，誰比我有資格當那個人？」[12] 他主張庭上應該釋放他，而且把他原本會因為詐欺案而承受的嚴厲懲罰加諸於皮耶蓋赫身上。*

* 這種講求「以牙還牙」的法律精神獲得葛哈斯法官認可，由他在書中註釋提供論證（頁三十五），但刑事法官安貝赫在同一時代出版的司法實務手冊裡面表示，這種精神已經不再具有法律效力。因為毀謗而遭定罪的人在當時往往獲得輕罰，只要正式向受害者道歉並且繳交罰款即可。有鑑於民眾之間的濫訴問題非常嚴重，安貝赫偶爾會希望法國的法律能夠重新訴諸於「以牙還牙」的精神。請參閱：Jean Imbert, *Institutions Forenses, ou practique iudiciaire* (Poitiers, 1563), pp. 446, 498.。

最後一批證人出庭後，法王的訴訟代理人敦促法官趕緊做出最後裁決。證據是真是假著實難以評估，而且儘管法官要求相關人員評估被告與馬丹蓋赫的妹妹們及兒子到底有幾分相像，卻也無助於釐清疑慮。被告長得不像小桑克西，但長相卻與馬丹的妹妹們有幾分相似。假使被告會寫自己的名字，那就能訴諸於檢驗字跡，但這招也行不通，因為無論是居提勒或馬丹蓋赫，兩人都不曾寫過自己的名字，自然沒有留下字跡。（在那個時代，除了公證人與神職人員以外，能夠在自己合約上簽名的村民就只有為數不多的鄉間商賈。）

法院也是可以考慮對被告刑求取供，但若要做到這種地步，根據法律規定，必須有一位無可駁斥的證人能夠針對被告的罪刑提出強而有力的證據，抑或是有兩位無可駁斥的證人提出間接證據。不過，希厄法庭的法官壓根就沒想過要這麼做，也許是因為他認為就算刑求也不見得能夠讓被告坦承不諱（而且針對巴黎高等法院的最新研究顯示，刑求取供的成功率並不算高），又或者是因為他認為並不需要取得被告的自白，光憑證據與證詞就足以將他定罪。就算對被告刑求取供並且判刑，其實也無濟於事，因為被告還是可以把案子上訴到土魯斯高等法院。[13]

即便未能讓被告招認罪狀，法官最終還是判他有罪，罪名除了冒名頂替馬丹蓋赫，還有玷汙貝彤黛的清白。提起訴訟時，民事責任追訴方提出的條件是要他公開請求貝彤黛的原諒，除了賠償她兩千里弗以外，還要支付她為這樁官司付出的所有花費。法王的訴訟代理人要求法官將冒牌者判處死刑，而這取代了貝彤黛所提出的請求。這一判決結果並不讓人意外：一五五七年，有兩個罪犯光是因為冒用另一個人的名字與人訂立假合約，而且犯行只持續短短幾個月，就遭里昂的欽差判處絞刑。希厄的法官對被告判處斬首，並將屍身肢解為四塊——這部分倒是令人大感好奇，因為一般只有貴族才有資格遭斬首，這以處刑方式可說是對被告的莫大恭維。[14]

被告遭判刑後立刻上訴到土魯斯高等法院，繼續為自己喊冤。不久後，法院就差人將其押解至土魯斯，並由被告支付相關費用。與本案有關的一大疊書面文件也隨同被告送往土魯斯高等法院，文件相關費用則是由貝彤黛支付。一五六〇年四月三十日，土魯斯高等法院刑事庭正式受理了「希厄監獄犯人馬丹蓋赫」的上訴案。[15]

第八章　在土魯斯的審判

此時土魯斯高等法院已經有一百一十七年的歷史，其建築群歷經整修，官員的人數則是持續增加。此一法院管轄著朗格多克地區，對當地居民握有生殺大權。該院於一五六〇年時不只承審民事與刑事的上訴案件，有時也會介入初審，監督該地區各家下級法院審理案件的情形。此外，該院也負責決定要怎樣懲罰土魯斯反天主教人士涉嫌毀壞神像的罪行，並且指派專責法官前往隆貝主教區調查非法集會或攜帶武器的案件、異端邪說及謀殺案。土魯斯高等法院的庭長與法官們都來自富有且學識淵博的精英階級，除了在土魯斯市區擁有豪宅美舍，也在鄉間購置莊園，並且設法透過各種方式取得貴族頭銜。他們的法袍越來越光鮮亮麗，人們在言談間提及他們時總是充滿敬意與禮數。以葛哈斯法官為例，他在當上土魯斯法院的法官以前，曾分別在兩本書的題詞以拉丁文寫道，要把此書獻給土魯斯法院某位「正直不阿、威名顯赫、值得稱許」的法官，以及另一位「博學多聞且大公無私」的法官，更在第三本書的題詞稱讚該院是「地位顯赫且神聖不可侵犯的司法機關」。[1]

土魯斯高等法院有五個法庭，其中之一是刑事庭，由十到十一位輪值法官及兩到三位庭長負責審理案件。接受「馬丹蓋赫上訴案」的碰巧是土魯斯高等法院幾位才智出眾的法界精英人士，包括博學多聞且論著豐富的葛哈司法官，還有曾在行政首長官署擔任法官的居福赫（Michel Du Faur），如今是土魯斯高等法院庭長。居福赫庭長來自法界望族，妻子與他結婚時帶來頗為優渥的嫁妝，因為她來自當地經營粉蠟染料而致富的貝赫努家族。到了審判的最後幾天，土魯斯高等法院的首席庭長孟森卡勒（Jean de Mansencal）本人也會親自出席。孟森卡勒庭長在土魯斯市區擁有一棟文藝復興時代的華麗宅邸，在隆貝主教區也有物業，所在地附近不遠處就是居提勒出生的村莊。

這些法官雖說在工作上密切合作，甚至還有姻親關係（孟森卡勒的兒子即將迎娶另一位法官伯納德的女兒），但一五六〇年在土魯斯高等法院刑事庭任職的法官們正漸漸意識到他們彼此其實具有非常重大的差異。葛哈斯、費希耶赫及侯貝赫（Pierre Robert）等三位法官沒過多久將會展現出非常強烈擁戴新教的立場，居福赫等另外幾位法官也傾向於認同宗教改革運動的理念。但在另一邊，孟森卡勒首席庭長仍是虔誠天主教徒，至於另外兩位更不願讓步妥協的庭長達菲斯（Jean Daffis）及拉托米（Nicholas Latomy）則是把新教教義當成異端邪說，後來會動用權限範圍內的各種手段來鎮壓新教。[2]

但至少在本次審判的當下，眾人皆對此樁在希厄法院歷經一審的奇案都深感興趣。他們都已在土魯斯高等法院服務多年，像是年邁的法官黑尼耶（Simon Reynier）已經在土魯斯審案將近四十年，資歷最淺的葛哈斯法官也是從一五五三年就加入法官行列。即便經驗老道，他們可曾遇過這種妻子宣稱她誤把另一個男人當成丈夫、且時間長達三年多的案子嗎？他們都曾審過各種通姦、納妾及重婚的官司，可有遇過冒充別人丈夫的假貨？刑事庭指派葛哈斯法官擔任這次審理程序的書記官，這意味著他必須仔細深入審視本案的相關問題，把控、辯雙方的主張寫成一份結案報告，並且針對量刑提出建議。其他法官還委任費希耶赫襄助葛哈斯進行調查及訊問大批證人。由於貝彤黛要求出席，刑事庭便以傳訊她及皮耶蓋赫來開啟本案的審理程序。[3]

就在貝彤黛與皮耶要從阿赫提加前往土魯斯的路上，人在希厄監獄裡戴著腳鐐的那位冒牌貨仍然堅稱自己就是馬丹蓋赫。之所以戴上腳鐐，不是因為獄方特別針對，而是因為該監獄的脫逃率實在太高，所以除非是因為欠債或積欠罰款而入獄，或者是病況嚴重的犯人，否則男性囚犯一律要戴上腳鐐。他還是可以對身邊任何人講話，不受限制，我們不難想像巧舌如簧的他會嘰哩呱啦講個不停。藉此消磨獄中無聊時光的獄友們，包括一位來自卡赫卡松的綁架嫌犯，還有同樣遭指控散播異端邪說的公證人、神職人員與來自帕米耶的馬刺工匠各一位，以及兩個神祕人士，他們自稱來自「小埃及的阿斯塔拉普斯」。[4]

刑事庭於五月初傳訊貝彤黛與皮耶，接著在庭上所有法官面前他們分別與被告對質。整個程序似乎沒有遇到語言無法溝通的問題，因為庭審時應該採用「當地的口語」，而所有法官都是當地人。貝彤黛以一段聲明開啟她的陳述，試圖讓庭上法官們相信她並非獄中被告的共犯。她知道自己貞潔已受玷汙，但這完全是因為她誤入別人設下的陷阱。陳述時她「渾身顫抖，眼睛盯著地板」。隨後被告在對她說話時則是「表情生動」且充滿情感，表示自己並不想傷害她，還說他知道這一切都是他叔叔的陰謀詭計。葛哈斯法官認為他的神情「自信滿滿」，「遠勝於前述的荷爾氏，因此讓庭上幾乎所有法官都相信他就是正牌丈夫，而之所以吃上冒名頂替的官司，都是因為遭到妻子與叔父誣陷」。兩造對質後，刑事庭下令將皮耶與貝彤黛雙雙下獄，將貝彤黛收押於獄中的女囚專區，而皮耶則是不能關在太靠近「馬丹蓋赫」的地方。[5]

於是，關於馬丹蓋赫這一生的各種細節又一遍遍地在庭上陳述出來。葛哈斯與費希耶赫兩位法官首先訊問貝彤黛。此時她如果想要出賣冒牌馬丹，只消說出一個自己無法好好複述的故事，讓說法出現破綻即可，但她將他們倆幾個月前就已經演練好的說法全盤托出。接著兩位法官屢屢訊問被告馬丹，想看他的說法出錯，卻無功而返。*葛哈斯法官是這樣記錄的：

他陳述了很長一段時間，陳述內容包含許多真確無誤之處，讓法官們有充分理由相信（被告）是無辜的，此外也驚嘆於他的驚人記憶力，竟然能夠重述那麼多發生於二十多年前的事件。承審法官們盡力誘騙，想讓他吃驚上當，卻都討不到便宜，也沒辦法引誘他說謊，最後獲得的所有供述都是真話。[6]

顯然法官也必須訊問證人，因此從已經出庭作證還有尚未作證的證人裡面挑選了二十五至三十位來問話。對質再次舉行，這次在被告與諸位證人之間進行，包括居提勒的舅舅巴侯——他看到戴著腳鐐的「馬丹」就哭了出來，但「馬丹」跟先前一樣對巴侯提出種種質疑。五月底以前，土魯斯高等法院又傳喚了大約七位證人來與貝彤黛對質。如今已淪為階下囚，她必須羞愧地與小姑珍蓋赫對質，跟她對簿公堂的還包括幾位列茲河谷地區的重要人士，例如洛茲家的珍與邦蓋勒家的珍。承審法官應該是要根據他們的證詞來斷定貝彤黛是不是因為遭人教唆才會對馬丹提告。[7]

　葛哈斯法官利用一五六〇年整個夏天的時間來過濾所有證據與證詞，藉此決定該如何下筆撰寫結案報告。能夠把時間花在馬丹蓋赫這個案子上面，對葛哈斯來講或許是個解脫。他的大作《論法律的藝術》（*De iuris Arte*）才

---

* 後來，某位土魯斯高等法院的法官在書中寫道：「為了揭露關於犯罪行為與偽證的真相，有時候法官是可以說謊的。」（Bernard de La Roche-Flavin, *Treize livres des Parlemens de France* (Geneva, 1621), Book 8, Ch. 39.）

在同一年稍早出版，此時他尚未開始構思新的寫作計畫。此時，由於幾個月前新教的胡格諾派教徒才剛企圖綁架途經昂布瓦斯（Amboise）的法王未遂，法國政治情勢正處於餘波盪漾的情況，就連土魯斯這個城市也處於天主教與新教支持者劍拔弩張的態勢，雙方極度對立。有些日子刑事庭開庭是為了宣判異端邪說罪被告的罪刑，他往往選擇迴避。[8]雖然他知道新教代表的才是真理，但他還沒有準備好利用自己身為法官的權勢來支持新教。此刻必須由他斷定的真理實在是簡單多了：只要查出被告的身分到底是不是馬丹蓋赫就可以。

結果，證人提供的額外證詞跟原先已知的相去不遠，沒有太多新資訊：這回約有九或十個證人確認被告就是馬丹蓋赫，七或八個證人則認為他是居提勒，其餘則表示他們無法判斷。葛哈斯法官對於證人與他們的證詞展開有條不紊的分析，他肯定是認為希厄的初審欠缺這樣的分析工作。如果純粹從數量上來評斷，兩次審判過程的證據對被告相對不利，因為指認他是居提勒的人其實比較多。然而，真正重要的並非有幾位證人能夠出面指認被告的身分，而是要看那些人是不是盡責的證人——盡責與否取決於他們是否人品端正，能夠盡其可能地述說實話，又或者他們的言論是否只與自身好惡或利益相關，抑或是因為害怕才說那些話。證詞的真確性也同樣重要，而就馬丹蓋赫一案而言，葛哈斯認為最該採信近親們的證詞。*「因為血緣相近」，也因為與馬丹一起長大，他們應該是最有可能指認他的人。不過葛哈斯也承認，有些近親認為被告就是馬丹，另一些則覺得被告就是個冒牌貨。

定罪的要件是，法庭必須證明真的有犯罪行為發生，而且是由被告所犯下。即便被告供稱自己犯了罪，光憑自白還是無法達成前述兩項要件，因為無論是用刑或者沒有用刑的情況，被告都有可能沒有說實話。無論如何，本

* 近親的證詞在刑事案件中扮演什麼角色？居提勒的兄弟們與本案有何關係？關於這兩個問題，請參閱第九章。

案被告並未認罪。但既然慣例是只要有兩個可信證人指認被告犯行，並且提出證詞就能當成罪證，那麼本案也可以這樣嗎？透過證人的供述，葛哈斯掌握了幾項頗為精確的事實，但每項證詞都似乎各有問題。例如李貝侯就發誓自己曾以居提勒這個名字呼喚被告，被告不但有所回應，甚至還拿出兩條手帕要李貝侯轉交給被告的兄弟。不過，李貝侯是提出這種說法的唯一證人，而且被告也針對他的證詞提出有效質疑。另有兩位阿赫提加的村民作證表示，他們曾聽過那位來自侯旭弗的軍人宣稱馬丹蓋赫在參與圍攻聖康坦的戰役時因傷而失去一條腿，不過因為這只是「道聽塗說」的證詞，所以其證據效力亦不及真正目擊者的說法。

雖說中世紀尚未把「實物證據」當成足以定罪的證據，十六世紀的法官在審理刑案時其實已會予以審酌。但就本案而言，這類證據卻無法帶來任何簡單明瞭的答案。本案的實物證據大多來自於證人對於回憶中馬丹蓋赫外貌的供述，但他們也有可能沒有講真話，或者只是單純記錯。部分證人聲稱被告身上的特徵與傷疤跟馬丹蓋赫一樣，但他們每個人所指認的肉疣或指甲都不一樣。就另一方面而言，即便馬丹蓋赫年輕時的大腿沒有被告那麼粗，但根據經驗法則這也無法證明被告就不是馬丹，因為一般人往往是年輕時比較瘦，隨著年紀漸長而逐漸增加體重。如同葛哈斯所言，就算被告真的幾乎不會巴斯克語，也不能因為「巴斯克人怎麼可能不會自己的母語」這個理由來斷定他就不是馬丹蓋赫，因為也有可能馬丹在年紀非常小的時候就離開拉布赫地區，遷居阿赫提加村，所以根本就沒有真正學會父母的母語。[9]

葛哈斯對於案情「深感困惑」，但身為結案報告的撰稿人，他有責任向合議庭做出判決的建議。他越是深入反思本案的證據，越覺得被告說的有理：他的確就是馬丹蓋赫，是希厄法院那位法官冤枉了他。土魯斯高等法院應該推翻一審判決。

他也仔細審視了關於貝彤黛的證據。她曾是個「遵守婦德，潔身自愛」的女人，而且告誡書裡面也是這樣陳述。她與被告同床共枕超過三年，「被告若非馬丹蓋赫本人，前述荷爾氏怎麼可能無法辨其真偽，無法察覺他其實是個陌生人？」在本案鬧上法院以前，曾有長達幾個月的時間她都還立場堅定地與繼父、母親作對，甚至還用自己的身體阻擋被告受到傷害，而且就在簽署同意書讓繼父代為提出訴訟的幾個小時之前，都還與被告同床共枕。後來在希厄的法庭上，她也拒絕在法官面前發誓宣稱他並非馬丹蓋赫。當然，這些事實並無助於法官斷定被告到底是不是馬丹蓋赫，因為在刑事案件的審判過程中，「宣誓過後而提供的證詞不具充分的證據效力」。儘管如此，貝彤黛不願指認被告並非馬丹蓋赫這件事的確能夠反映出她的心理狀態——由於她在五月召開的刑事庭上表現出猶豫不決、緊張焦慮的模樣，更是進一步強化了這種印象。如同稍早貝彤黛所公開宣稱的那樣，她似乎真有可能是因為遭到脅迫才會做出這種誣告親夫的行徑。[10]

葛哈斯法官也審視了皮耶蓋赫這個人。令人頗費思量的是，來自雷阿勒蒙（Réalmont）的葛哈斯，究竟要怎樣才能好好訊問皮耶這位講話帶有濃厚巴斯克腔的年邁阿赫提加村磚瓦匠？馬丹的叔父皮耶會如何表達他對於冒名頂替者的憤怒與怨懟？還有，考慮到葛哈斯是以「言行舉止」來斷定證人是否真誠無欺，那麼這個標準到底造成了什麼影響，才會導致他在結案報告中建議將皮耶蓋赫鎖拿下獄？總之，可以確定的是葛哈斯在將所有證據納入考慮後，對於皮耶並無好感。先前關於帳目的那一樁官司及訴訟結果都有紀錄在案，由於官司不利於皮耶，這的確讓他有了誣告馬丹的強烈動機。對於曾在希厄的法官面前偽稱自己是貝彤黛的訴訟代理人，皮耶也已經坦承不諱。同時，根據「幾位證人」的供述，皮耶夫婦倆及他的女婿們的確曾密謀殺害被告，其中一位證人甚至是信譽卓著的佩耶村幹事尚洛茲。光憑這些證據就有充分理由下令拷問皮耶蓋赫，看他是否會坦承自己的諸多罪狀，包括謀殺未遂、毀謗誣告，還有教唆貝彤黛作偽證。根據勒蘇厄赫所述，刑事庭的確曾經考慮過拷問皮耶，只不過從頭到尾都沒真正對他用刑。無論如何，葛哈斯把誣告當成一種屢見不鮮的重罪，而且是無視於天主教第八條誡律「毋妄證」的存在，刻意誣陷自己的血親兼近鄰。[11]

最後則是被告「馬丹」，有大量證據顯示他是無辜的。根據葛哈斯的標準，馬丹蓋赫的四個妹妹就是所謂盡責的證人，她們是「加斯柯尼地區良家婦女的代表，而且從頭到尾都堅稱被告就是馬丹蓋赫無誤」。（而且在葛哈斯看來，假使馬丹蓋赫獲判無罪後又多生一個兒子，她們就更不可能繼承蓋赫家的財產了，所以姊妹四人做出對自己明顯不利的證詞，更顯示她們有多大公無私。）除此之外，根據葛哈斯所述，儘管被告與長子小桑克西的長相不大相似，但他與四位妹妹長得比較像的事實卻更具說服力，因為小桑克西只是個十三歲的少年，而被告與妹妹們的年紀則比較接近。更不用說，在詰問過程中已經百試不爽的是，被告的確能肯定且精確地回憶與複述有關馬丹蓋赫畢生的各種細節，包括那些由原告貝彤黛本人所陳述的床笫私事。儘管有不少人都表示居提勒是個浪蕩子，而且「無惡不作」，但這卻無損於被告供述的說服力，甚至可以說反而對他有所幫助，因為他看起來並不像那種惡人。

刑事庭對於被告的判決將充分反映出羅馬法的精神：「寧可因為誤判而讓有罪之人逍遙法外，也不可冤枉錯罰無辜者。」更重要的是，這項判決反映出該刑事庭優先遵循了十六世紀法國各級法院非常看重的一項民法原則，也就是判決往往有利於婚姻及婚生子女。葛哈斯表示：「每當案情有所疑慮，都會傾向於支持婚姻或婚生子女的這一方。」所以，判決最終之所以有利於被告，是因為他如果無罪，貝彤黛就仍有丈夫可以依靠，而小桑克西也不至於成為失怙孤子。[12]

刑事庭諸位法官的決定顯然「對被告較為有利，前述皮耶蓋赫與荷爾氏則是陷入不利境地」。[13]但就在本案即將宣判之際，有個穿戴木製義肢的男人一拐一拐地來到土魯斯高等法院。他說自己名叫馬丹蓋赫。

第九章　馬丹蓋赫歸來

馬丹蓋赫在聖康坦圍城戰因槍傷而失去一條腿，卻受到幸運之神的兩度眷顧。第一次是他受傷卻沒有陣亡，經過外科手術後裝上一條木製義肢，還能瘸著腿走路。第二次則是他雖然生活陷入困頓，但主子佩德羅（抑或是佩德羅的兄弟方濟各樞機）請求西班牙國王菲利浦二世給予他協助。為了獎勵他對於西班牙的貢獻，國王讓他以俗家修士的身分加入威名赫赫的天主教軍事修會「耶路撒冷聖約翰騎士團」，取得該修會旗下某間修院的終身職工作。耶路撒冷聖約翰是該國入會資格最為嚴格的騎士團之一，若無貴族身分證明是無法入會的。布哥斯的銀行家們曾經懇求騎士團放寬這個規定未果。[1]跟以前一樣，馬丹蓋赫生活在一個由貴族主宰且純男性成員的世界裡，繼續扮演一個小角色。

在離鄉背井十二年後，已經瘸著腿的他為何會決定大費周章翻越庇里牛斯山，歸返自己原有的人生呢？這可說是馬丹蓋赫奇案中的最大謎團。葛哈斯法官並未說明箇中原由，不過他的確表示馬丹是在返鄉後才知道自己遭人冒名頂替。勒蘇厄赫則是宣稱馬丹回法國後先是回到阿赫提加村，一聽說遭人冒名頂替且這樁官司正在審理當中，馬上就帶著小桑克西趕往土魯斯。不過這種說法卻有問題，因為馬丹若是先回阿赫提加村，照理說就已與四位妹妹見過面，那麼當他在本案快要宣判時出現，她們何以會如此訝異？這實在不合常理。

不過，我們也不難想像馬丹蓋赫之所以會在緊要關頭現身，其實只是因為巧合使然。身為修院裡的俗家成員，他有可能只是對天主教的種種誡律感到厭煩，才會大嘆不如歸去。而即便他身有殘疾，畢竟還是蓋赫家的少主人，所以才會選擇回歸家人的懷抱。馬丹返鄉的前一年，也就是一五五九年，西班牙、法國與英格蘭簽署了《卡托－康布雷西和約》；到了該年十二月，西班牙國王菲利浦二世指派布哥斯的樞機主教前往法、西邊境迎接他的新娘，也就是法王亨利二世的女兒伊莉莎白（Elisabeth de Valois）。也許是在這種大和解的氛圍中，馬丹蓋赫覺得祖國應該會饒恕他曾在西班牙部隊效力的往事。[2]

我想更有可能的原因，是他在返鄉前就聽過這場審判的傳聞。皮耶蓋赫當然企盼著真正的馬丹還在人世，而且會想要讓消息傳到他耳邊。朗格多克地區的各個農村都有人討論這樁奇案，而且當初案子在希戹的法院進行審判時，法官派出的調查人員最遠也曾到過西班牙，因為冒牌馬丹的供述中提及他曾到訪那裡。儘管法官不得向法院以外的人士透露他們評議的情況，而且民眾也只有在最後宣判時能夠獲准出庭旁聽，但土魯斯的市鎮居民及來自各地的法界人士們都已經對這個奇案議論紛紛。耶路撒冷聖約翰騎士團也可能是正牌馬丹獲得消息的管道，因為該騎士團在朗格多克與富瓦地區也有好幾家修院。[3]

在知道自己遭人冒名頂替的當下，馬丹蓋赫一定心有所感：如果有另一個男人接收了我拋諸腦後的那段人生，甚至正要將我父親桑克西留下的遺產據為己有，成為我妻子的丈夫、我兒子的父親，那麼我究竟是誰？正牌馬丹蓋赫也許就是想要返鄉奪回自己的身分、自己的角色，在一切太遲之前。

他大約在七月底來到土魯斯，高等法院隨即將他拘留，派人看守，然後數度提訊。據說被告馬丹在與這位剛從西班牙回來的馬丹對質時，一開頭就對他咆哮：「新來的！你這個壞蛋！流氓！法官，皮耶蓋赫一定用錢收買了他，教他怎樣冒充馬丹蓋赫。」被告宣稱，此人在最後的緊要關頭現身，已經玷汙了婚姻的神聖地位；被告將會拆穿他的真面目，否則甘願庭上對他處以絞死的極刑。奇怪的是，對於家裡的往事，如今已裝上木製義肢的正牌馬丹有許多已不復記憶，反倒是被告記得比較清楚。[4]

這讓曾被稱為「龐塞特」的被告取得了一時的勝利。但如果把他在這天與隨後幾週所做出的努力，詮釋為單純的掙扎求生之舉，那可就大錯特錯。對他來講，這件事不只是攸關生死，更可以說是「馬丹蓋赫」這個身分的保衛戰。他絕對不可以輸給那個自稱正牌馬丹蓋赫的陌生人，任由他奪走自己已苦心經營多年的身分。（容我提醒大家，他們可能是素昧平生的兩個人。）

讓他們倆對質後，葛哈斯與費希耶赫兩位法官又分別訊問了他們十或十二次，針對某些尚未觸及之事審訊了一些「先前隱匿未提」的問題，看這位不久前現身的馬丹是否能說出正確答案。兩人很快就發現，被告針對同樣的問題也能回答得一樣好。看來這位被告實在是神通廣大，簡直像是精通魔法。孟森卡勒庭長試圖攻其不備，隨口問被告：你是用什麼方法召喚邪靈，才知道那麼多有關阿赫提加村民的事情？葛哈斯表示，被告一聽之下臉色變得慘白，猶豫了起來，因此他覺得這就是被告有罪的徵兆。[5] 但在我看來，被告之所以會有這樣的反應，不只是因為他感覺到自己正陷入危險，更是因為自己天賦異稟的技能遭人如此誤解，感到非常生氣。

最後一輪對質在刑事庭上演。法官再度請巴侯出庭，而且這次也試圖傳喚居提勒的兄弟們——儘管這有違「兄弟不能在刑事案件中進行不利於對方之陳述」的中世紀慣例，但在十六世紀已是越來越普遍的情況。不過，被告的幾位兄弟選擇逃之夭夭，而不是去土魯斯出庭作證。

此時皮耶蓋赫已經因為身陷囹圄數月而形容枯槁，承審法官們在提審他的時候特別安排一次非常戲劇性的測驗。法官找一群男人穿上同樣的衣服，其中包括不久前現身的正牌馬丹蓋赫。皮耶認出侄子，然後痛哭流涕，而且因為自己的命運終於改變而歡欣鼓舞。四位妹妹則是一個個被傳喚出庭，讓她們辨認眼前兩位馬丹到底哪個才是正牌的。珍蓋赫端詳了那位瘸子一段時間，她說：「這才是我哥馬丹蓋赫」，隨後宣稱那個跟哥哥長相相似的冒牌貨騙得她好苦。她抱著正牌馬丹，兄妹倆相擁而泣，其他幾位妹妹也是如此。[6]

最後輪到貝彤黛。在土魯斯的監獄裡待了差不多三個月後，她是否已開始精神不振呢？貝彤黛變瘦了，還曾生過病，但至少她的女性獄友裡面有些是被控觸犯異端邪說罪，這意味著她有可能曾與她們討論過《聖經》中幾篇福音書的教義。有個女囚跟貝彤黛一樣本來是原告，而且名下有財產；還有另一位女囚則是不久後即將臨盆。[7] 置身於那個只有女性的小小世界，貝彤黛可能回憶起日日夜夜都在期盼馬丹蓋赫返家的那段日子。無論她最後會有何下場，性格堅毅的她想必都已做好了心理準備，所以在刑事庭上能夠好好表現。

看了不久前現身的正牌馬丹蓋赫一眼，她就開始顫抖痛哭（葛哈斯法官連這種細節都記錄下來，因為他認為一位盡責的好法官必須仔細觀察證人的表情與舉止），跑過去擁抱他，懇求他原諒自己犯下的無心之過，說若不是居提勒使盡各種花招誘惑她，她也不至於淪落到這種地步。她做足了準備，所以能夠脫口說出各種藉口：因為小姑們馬上就相信居提勒，因為你叔叔也接受了他，而我則是望君早歸，尤其是他又知道那麼多關於我們倆的私事，我才會相信。等到我發現他是個騙子，實在很想一死百了，奈何我又怕自殺會上不了天堂。等到我發現自己的貞潔遭他奪走，我立刻就把他告上法院。

貝彤黛哭成淚人兒，但馬丹蓋赫對她卻沒有表現出一絲悲傷的模樣，反而板起臉來，對她惡狠狠地說：「哭什麼！……別拿我妹妹們跟叔叔來當藉口。如果是父母認不出兒子、叔叔認不出侄子、妹妹認不出哥哥、哥哥認不出弟弟，那也就算了，身為妻子的你怎麼可以認不出那個人不是我？這實在是家門不幸，你不用怪天怪地怪別人，只能怪你自己。」（或許他還想起了自己跟那些西班牙修士相處的不悅時光，把怒氣一股腦兒發洩出來）葛哈斯與費希耶赫兩位法官不得不提醒馬丹，是他拋棄貝彤黛在先，所以也該承擔一點責任。不過馬丹不為所動。[8]

此時眾人已經認出這位剛剛現身的男人才是馬丹蓋赫，所以刑事庭也有足夠證據能夠做出明確判決。葛哈斯法官重寫了一份結案報告，也重新擬定建議的刑罰，而後刑事庭也針對報告內容達成共識。別名龐塞特的居提勒被判有罪，罪名是「行騙、冒名頂替他人身分、通姦」。[9]儘管在審判最後幾週刑事庭懷疑他使用魔法、召喚惡魔，但在最終判刑時並未提及。另一項居提勒遭判處的刑罰是要先在阿赫提加村「公開道歉」，然後在那裡對他處以極刑。

幾位法官可能需要經過一番合議才能決定居提勒的最終刑罰。判他入獄當然是不可能的，因為只有等待審判的被告及遭處徒刑的債務人才會待在監獄裡。法官的選項包括罰款、各種肉刑（包括鞭刑、烙刑、截肢）、流放、發配到法王的艦隊去當划船工，當然還有死刑。就本案而言，葛哈斯法官遍尋法國法典，但幾乎找不到先前的判例或罰則可供他們在定罪量刑時參考。除了非常罕見的偽造簽名案，這種「冒名頂替」的罪刑可說是少之又少。從法律文獻看來，古代法官對於冒名行騙這種罪行的見解差異甚大，有些人視其為一種遊戲，因此不須予以處罰，另外也有對行騙者處以輕刑或流放

馬丹蓋赫案的第一幅圖像畫，將馬丹夫妻的地位描繪得比實際上還高。資料來源：Jacob Cats, Alle de Wercken (Amsterdam, 1658). Bibliothèque Mazarine, Paris。

的案例，死刑判例則非常少見。一五三二年，有鑑於偽造合約、在法庭作偽證的案件實在是「多不勝數」，法王頒布敕令，規定這兩類罪行最高可以處以極刑，但各級司法機關在量刑時還是不大一致。葛哈斯法官或許聽過一起一五五七年的上訴案例：里昂那兩個冒用「密赫」之名簽訂假合約的詐欺犯，於初審時遭駐里昂的法王欽差判處絞刑，案子上訴到巴黎高等法院後遭改判鞭刑，再發配到法王艦隊去當划船工，刑期九年。下一個遭里昂行政首長官署判刑的冒名頂替者是來自希臘的催債人希查恰，因為積欠某位死者一些款項，結果他除了必須把侵占的錢財歸還遺屬，還要繳納五百里弗的罰款給法王，最後更遭驅逐出境。[10]

居提勒的罪行嚴重多了。這涉及竊占家族遺產，而可以與此相提並論的重罪則是婦女謊稱私生子女是婚生子女來獲得繼承家產的資格。更重要的是，他犯下了通姦罪，而這種罪行在葛哈斯看來應該判處更嚴重刑罰，而且量刑時更應考量其他類似情況，講求一致性。就土魯斯高等法院而言，會遭判處死刑的通姦者都是嚴重違反社會責任的犯人。例如在一五五三年有個法官的書記官因為與該位法官的妻子通姦而遭判處絞刑。一五五六年，同樣遭判處絞刑的姦夫淫婦則是某位佃農及他的地主之妻。[11]

經過前述通盤考量後，合議庭決定對居提勒處以極刑，但此一選擇後來將會遭至少一位法界人士大加撻伐。儘管希厄的初審法官判他應該遭斬首，有鑑於他只是個不知檢點的騙徒，並非貴族，土魯斯高等法院的刑事庭所判的絞刑可說是比較適合的。合議庭並未對他判處火刑（活活燒死）這種非常極端的刑罰，但因為他實在是罪無可逭，所以他的屍首將會遭到火化，「讓這種可鄙可憎之人徹底消失於這個世界上，如灰飛煙滅，從此世人也對他不復記憶。」

與居提勒有關的某些處置方式則顯示出該刑事庭在兩方面的考量：一方面法官們希望馬丹蓋赫與貝彤黛能夠不受判決結果困擾，盡快恢復正常生活，另一方面則是顯示出居提勒畢竟曾以滴水不漏的證詞迷惑過他們，所以對他仍抱持些許敬意。他的女兒貝荷娜德獲判具有婚生子女資格，因為刑事庭接受貝彤黛的說法：她誤認居提勒就是馬丹蓋赫，所以才會與他行房，繼而生下貝荷娜德。有很多類似的前例可循。如果要判定某個孩子是私生子，那麼其生父、生母都必須很清楚自己是在與人通姦。例如若有女性不知道某人是神職人員，婚後生下多位子女，那麼子女就將具有婚生子女的身分。

另一項更加異於常情的判決，則是法院並未幫法王沒收居提勒那些位於隆貝教區的財貨與物業——一般罪犯在遭判處死刑後，他們的財產大多是這樣處理的。居提勒的財產經過清算後，將會用於幫助貝彤黛繳納此次審判所需的所有費用，剩餘財貨則將由他們的女兒貝荷娜德繼承。[12]

除此之外，居提勒也沒有像其他遭定罪的犯人一樣，在行刑前遭受一般稱為「先決問題」的懲罰：為了讓他們供出共犯而以酷刑逼供。葛哈斯曾針對某些承審案件提出酷刑逼供的建議，例如一五六〇年稍早時他與達菲斯庭長曾簽署一份判決文，要求對綽號「外省佬」的多瑪斯用刑，「逼他說出自己到底做了哪些虧心事、犯過哪些罪、施過那些魔咒」。[13]不過，土魯斯高等法院刑事庭或許認為居提勒有過人之能，因此不大可能招供——就算他真的被屈打成招，法官們當然也不希望他在最後關頭還把貝彤黛供出來，說她其實是共犯。

刑事庭還必須決定如何處置貝彤黛這位關押在土魯斯監獄的女囚。看來這位美麗人妻不但輕易受騙，而且還一錯再錯，那該怎樣看待她呢？經過多番討論之後，法官們達成共識，同意她是個誠實無欺的婦女，因為女性畢竟是柔弱的。她不會因為詐欺、重婚或通姦等罪名而遭到起訴（如果遭法院以通姦罪起訴，她可能就必須遁入某家女修道院，直到她丈夫決定可以重新接受她），而她女兒將會保有婚生子女的身分。

就連馬丹蓋赫本人也差一點獲罪：他是否該因為多年來拋妻棄子、加入敵國部隊與法軍對陣而遭起訴？經過長時間審議後，法官們終於決定將他離家出走的行徑歸咎於年少無知，「因為當年他血氣方剛，年輕氣盛，才會有那種輕率之舉」，而他之所以為西班牙國王菲利浦二世的部隊效力，則是要怪他的兩位主人，而他身為隨扈只能聽命行事，「冒犯祖國的君王」其實並非他的本意。如今他不但淪為瘸子，財貨還曾遭人侵占，妻子慘遭玷汙，光是這些遭遇就已經是嚴重的懲罰了。

至於皮耶蓋赫，雖說他曾謊稱自己是貝彤黛的訴訟代理人，還企圖謀殺居提勒未遂，但也不會遭任何罪名起訴。幾乎輸掉這場官司的皮耶其實已付出很大代價，冒著失去名下財貨甚至性命的風險，還是選擇把冒名頂替者告到底。要是他真的輸掉這場官司，將會因為誣告罪而面臨法庭非常嚴重的裁罰。[14]

從該刑事庭的最後判決看來，判決所依據的標準跟葛哈斯擬定前一版結案報告時的標準一致：當時他所建議的判決之所以有利於冒牌馬丹，正是為了支持婚姻制度及婚生子女。九月十一日，孟森卡勒庭長傳喚貝彤黛、馬丹蓋赫與居提勒三人一起出庭。無論庭長說些什麼，居提勒仍然堅稱自己就是馬丹蓋赫。接著，孟森卡勒試圖幫貝彤黛與馬丹充當和事佬，一方面指出他們各自犯下的錯誤，同時勸他們能夠把往事拋諸腦後，破鏡重圓。被告屢屢打斷他，庭長說一句他就頂一句。

這可說是冒牌馬丹最拙劣的一次演出，不過也可說是最真心的一次。他輸了官司，而這次換他扮演妒夫的角色了。這天的表現讓法官們覺得他實在是厚顏無恥、莽撞無禮，因此在即將宣判之際還針對刑罰進行了最後修正。[15]原本他被判應該進行兩次正式道歉，一次在庭上，另一次在阿赫提加村。結果改成他只需要去對阿赫提加的村民道歉就可以了。天知道他會在庭上說些什麼？想必是出言不遜，什麼難聽話都能說出口。*

九月十二日，土魯斯高等法院解除門禁，開放一般民眾入內聆聽法官宣讀判決結果。結果院裡果然人山人海，刑事庭變得門庭若市，而旁聽群眾裡似乎還有當時年方二十七、後來成為啟蒙運動思想大家的法國文人蒙田——這時他是波爾多高等法院的法官。[16]孟森卡勒庭長宣讀了馬丹蓋赫、貝彤黛、皮耶蓋赫三人皆無罪開釋的判決文，駁回了綽號龐塞特的居提勒之上訴申請。居提勒仍「堅稱自己才是馬丹蓋赫」。接下來他將會被押送到阿赫提加去進行公開道歉，然後在村子裡遊街示眾，最後到馬丹蓋赫家門前遭受絞刑處決。這一切程序會在希厄那位法官的監督下進行。葛哈斯並未在書中描繪貝彤黛與居提勒在聆判時的神情。

* * *

四天後，絞刑架在馬丹蓋赫家的屋子外面架了起來，而家裡的臥室就是

* 葛哈斯法官對於這修改判決之舉的描述很奇怪。既然居提勒出言不遜，那麼懲罰他的方式為何是把道歉的次數從兩次減為一次？如果真的要他道歉，讓他在刑事庭上對著更多人道歉，對犯人來說難道不是更沒面子嗎？為何反而要他去阿赫提加那種鄉下小地方道歉？若非葛哈斯對於當年發生的情況做出錯誤紀錄，那就是再度顯現出法官們對於居提勒這位奇人的觀感可說是既憎恨又敬佩。

大概二十二年前他與貝彤黛共享婚床的地方。蓋赫家所有成員都從土魯斯返鄉，同樣在場的還包括不怕路途遙遠的各地閒人，他們都想要一睹為快，見證冒名頂替者被處以絞刑。大概一年多前，整個阿赫提加村還因為這件奇案而分裂成兩個陣營，如今大家也都言歸於好。謊言已遭拆穿，道歉儀式一開始就會有人出來羞辱大騙子龐塞特，接著是他向大家請求原諒，然後被帶領著遊街示眾。

居提勒拚盡全力，做出令人難忘的最後演出。他開頭就以居提勒自稱，接著在那位希厄法院法官面前坦承一切，從他在馬訥被兩個男人誤認為馬丹蓋赫開始。無論是他或者他列舉出名字的某幾位共犯，*都是憑自己的本事犯下這起案件，並未訴諸於魔法。從頭到尾他都沒有提及貝彤黛所扮演的角色。葛哈斯在書中還提及他承認了自己在年輕時所犯下的幾樁小竊案。（勒蘇厄赫並未提及這件事。）

接下來，他遵循當時法國農民的傳統，像一位好父親那樣，以口述方式立下遺囑。他把自己所有的債務人與債權人都列出來，借貸的物品包括金錢、羊毛、葡萄酒與小米。先前他曾從父親老居提勒與其他人那裡繼承了一些物業，他除了要求用那些遺產來清償自己的債務，還對舅舅巴侯提起民事訴訟：因為那些遺產此刻正由巴侯占有，而提告的目的是為了確保舅舅幫他還債。幫他打這樁官司的應該是他的遺囑執行人。居提勒的遺囑執行人有兩位，除了住在勒潘村的兄弟尚・居提勒，還有某位名叫赫本戴赫（Dominique Rebendaire）的土魯斯市民，而他們也是他女兒貝荷娜德（如今已改姓居提勒）的監護人。

「公開道歉」儀式開始時，罪人必須身穿懺悔者的傳統服飾跪在教堂前面：身穿白襯衫，雙手高舉火把，不能戴帽子，只能打赤腳。懺悔者必須請

---

* 葛哈斯僅僅表示他坦承「某些人為他提供了一些祕密資訊和建議」。（頁八十三）勒蘇厄赫則是寫道，他指出「兩名」幫助他的人之姓名。（*Admiranda historia de Pseudo Martino* ... [Lyon, 1561], p. 22）也許他們就是最初把他誤認為馬丹蓋赫的那兩位馬丹之友。

求天主、法王、法院，還有被害者馬丹蓋赫、貝彤黛及皮耶蓋赫原諒。絞刑手用繩索套住他的脖子，領著他在村子裡遊街示眾。這位舌粲蓮花的農夫對著沿途民眾述說他就是厚顏無恥的居提勒，以騙術詐取他人的財產，並且玷汙了他妻子的名節。他讚賞土魯斯高等法院諸位法官對本案進行了詳盡忠實的調查，還說自己有多麼希望尊貴的葛哈斯與費希耶赫法官能夠在場聆聽他的懺悔。即便在登上階梯、即將站上絞刑臺之際，他的嘴巴仍然沒有停下來，勸戒如今取代他地位的那個男人不要為難貝彤黛。他說自己可以證明貝彤黛是個堅貞高尚、遵守婦德的貞潔女子：從她開始懷疑自己丈夫遭人冒名頂替那一刻起，她就不願跟他同床共枕了。貝彤黛的所作所為，在在顯示出她是個非常勇敢且氣魄過人的女性。臨死前，居提勒向耶穌基督禱告，希望能夠求得天主垂憐。[17]

第十章　說書人

居提勒遭處決不久後，時間來到九月下旬，土魯斯高等法院循例休庭兩個月。但葛哈斯法官並未立刻回到位於雷阿勒蒙的鄉間宅邸，反而是窩在土魯斯的個人圖書室裡寫下居提勒的故事——如此一來這位大騙子的故事並未隨著他的遺體遭燒毀而灰飛煙滅，反而因為葛哈斯的著作而流傳至今。到了一五六〇年十月一日，書的初稿已經大致完工。[1] 有位叫做勒蘇厄赫的年輕人也在同一時間振筆疾書，從他的觀點把馬丹蓋赫奇案的種種曲折發展記錄下來。這個奇案裡面值得大書特書的事情實在太多，那些事不但大大影響了幾位當事人的人生，同時也讓世人覺得內心惴惴不安，但同時也有眼界大開之感。

勒蘇厄赫到底是覺得這個案子有何吸引力，才會決定要寫出這本書？答案實在是不得而知，因為他是個我們所知甚少的小人物。他出身皮卡第地區濱海布洛涅市（Boulogne-sur-Mer）一個物業豐饒的富商家族，長輩派他前去土魯斯接受民法專業訓練。他兄長皮耶爾獲王室延攬為財政官員，到了一五六一年底就開始在家裡舉辦「新教集會與禱告會」。勒蘇厄赫似乎跟兄長一樣傾心於新教教義，所以曾經服侍過同樣信奉新教的孔代親王（Prince of Condé）。到了一五六六年，他成為布洛涅地區行政首長官署的律師，幾年後成為主管該地區河川與森林事務的副官。到了一五九六年，他成為第一個為家鄉濱海布洛涅市寫史的作家，而這本地方志也頗具價值。即便在這本地方志問世以前，知名書目編纂家曼訥（La Croix du Maine）爵士就已經聽過有這麼一位作家，在他於一五八四年編纂的《書目》裡面將其描述為「拉丁文與法文詩人」。勒蘇厄赫也通曉希臘文，將《馬加比書》第三卷翻譯成拉丁文詩句，於一五六六年出版。

就在馬丹蓋赫奇案審判過後不久，土魯斯市就流傳著一部以拉丁文寫成的書稿，名為《冒牌貨馬丹在土魯斯接受審判的奇聞妙事》，作者就是署名勒蘇厄赫。他把這部作品獻給土魯斯高等法院的第四庭庭長居福赫（馬丹蓋赫一案審理期間，居福赫庭長從頭到尾都是刑事庭成員）。後來在另一份獻給洛皮塔勒（Michel de L'Hôpital）大法官的題詞裡面，勒蘇厄赫表示他「被居福赫家視如己出，就連他們的委託人也是如此，而居福赫家可說是這個地區最博學多聞、正直不阿、聲譽崇隆的家族」。在為這樁奇案撰寫紀錄時，他的參考資料可能就是居福赫庭長撰寫的筆記與文書，因為他自命為馬丹蓋赫故事的「採集者」。或許他當時在土魯斯高等法院當個小官，因此得以在場目睹審判過程。可以確定的是，勒蘇厄赫曾在一五六〇年胸懷大志，希望能在法律界與法學修辭文化界大展拳腳。而在法律專業以外，他對於文學與古典研究也很有興趣。[2]

至於葛哈斯法官，我們對他非常瞭解。有一段時間，他的出版商們都會在書名頁上把他描繪為聲名顯赫且「卓然鶴立」（這個形容詞是用拉丁文*clarissimus*來表示）的作者。在馬丹蓋赫奇案進行審判那年，他以前的學生于西里斯（Antoine Usilis）為恩師寫了一篇〈生平事略〉，用來充當他的著作《論法律的藝術》之序言。一五一五年，葛哈斯誕生於阿勒比傑瓦地區（Albigeois）的小鎮雷阿勒蒙，是家中四子裡面的長子。不過因為其父老葛哈斯領有開業律師執照，在土魯斯高等法院擔任辯護人，所以葛哈斯法官是在土魯斯長大成人。據說，葛哈斯年僅十三歲時就已經能站上當地講臺，精闢地闡述他對民法的見解，而接下來數年間則是陸續到昂傑、奧爾良與巴黎等地潛心鑽研民法與《教會法》，也常受邀講課。接著他前往義大利的帕多瓦（Padua），提交一百個可能的博士論文主題，針對每個主題他都能答辯如流，因此學養備受肯定。一五三六年，才二十一歲的葛哈斯就獲頒博士學位，原本要頒發學位給他的是人稱「法學大師」的戴奇烏斯（Philippus Decius）。（葛哈斯日後說戴奇烏斯當時已老態龍鍾，把所有法學素養都忘得一乾二淨，演講時就連第一句話也說不出口，想了十五分鐘都想不出來，於是學位終究還是要由別人授予葛哈斯。從這則軼聞看來，葛哈斯並不總是把法學神童這個身分看得非常了不起，有時候也會耍些幽默。）

回到土魯斯後，葛哈斯獲聘為土魯斯大學校董，並且變成聞名遐邇的民法課程講師。除了他說自己演講時聽眾常爆出如雷掌聲，于西里斯在〈生平事略〉中也表示，恩師演講時所吸引而來的大批聽眾，在當時的教授裡面可說前所未見。于西里斯自己就曾親眼見識到葛哈斯在兩千名聽眾面前展現口若懸河的演講功力，「他的聲音平順流暢、清晰且悅耳動聽」，在場者莫不聽得如癡如醉。可別忘了當年土魯斯的法律講座都是在早上五點到十點之間舉辦，而這更該讓我們對葛哈斯的演講功力佩服到五體投地。[3]

葛哈斯可說是少年得志，當時他與法律還有一層關係是于西里斯並未提及的：他曾經將父親一狀告上法院。他母親特莫斯在雷阿勒蒙撒手人寰，根據她在一五四二年立下的遺囑，把所有財物、物業都留給葛哈斯。豈料他父親老葛哈斯卻阻礙這份遺囑的執行，因此葛哈斯法官對父親提告，官司打到土魯斯高等法院才於一五四四年定讞。院方確認了葛哈斯的繼承權，命令老葛哈斯必須允許兒子列出財產清單，只是老葛哈斯仍能享有亡妻所有財物與物業的使用權，直到他離開人世。最後父子倆還是言歸於好，葛哈斯甚至在一五四九年把他的某本著作題獻給父親。就跟他對於博士學位授予儀式的詼諧回憶一樣，這樁控告父親的官司也能反映出葛哈斯自己在面對秩序與威權時並不會只是乖乖聽話。[4]

葛哈斯接著也開始扮演起人夫與人父的角色，而且為此感到非常愉悅。他在自己的法學著作《論婚姻儀式》裡面除了提及自己的「婚姻幸福完滿」，甚至書中還有一整個段落論及自己那位出身土魯斯商人家庭的妻子凱薩琳·波松內（Catherine Boysonné）。夫妻倆很快就連續生下一女一子，首先是女兒珍來報到，接著是兒子雅克誕生，而在前述那本書裡他也跟讀者們分享自己喜獲麟兒的感動：「昨天，也就是一五四六年四月十三日，我那健康的愛妻凱薩琳為我誕下麟兒，我內心的感動與喜悅實在難以言喻。」[5]

一五四五年，葛哈斯受邀前往瓦朗斯市（Valence）任教，於是舉家遷移，他在那裡教授民法課程直至一五四九年，接著又在義大利的費拉拉（Ferrara）講學兩年之久。這段期間他始終著述不輟，以拉丁文撰寫評論羅馬法的作品並獲出版，主題非常廣泛，從婚姻、契約、訴訟到國家憲政體制都有。最晚從一五四一年開始，他就持續投稿給各家印刷所，尋求付梓出版，其中又以里昂為最，因為那裡的法律出版風氣非常盛行。他的作品在攻讀法律的學生之間頗受歡迎：在討論未成年人財產繼承權的段落旁邊，有個學生在頁邊空白處寫下 *Corasissima* 一詞（意指「葛哈斯特有的風格」），真可說是對於葛哈斯這位法學作家的最好讚譽。

葛哈斯的著作都會有好幾個版本問世，這也反映出他這個人的兩項有趣特色。首先，他總是願意改變成長、重新思考與詮釋。這樣的句子屢屢在他的書中出現：「我是在某某年於土魯斯開始寫這本書，如今我在費拉拉進行修訂。」其次，他非常懂得如何推進自己的職涯。早在作者生涯初期，他就知道透過題詞把作品獻給巴黎高等法院第一庭庭長與孟森卡勒庭長。等時機成熟了，他也知道把適當的作品寄送贈與沙蒂永（Châtillon）與洛林的樞機主教們。[6]

所有努力終於在一五五三年一月獲得回報，當時土魯斯高等法院有個法官職缺出現。但早在職缺出現前，葛哈斯就已因為令人難過的理由從費拉拉返回土魯斯：他妻子凱薩琳·波松內亡故，他回去守喪。葛哈斯回國後，襄助法王亨利二世與費拉拉的公爵和樞機主教進行王室事務交流，國王獲益良多，於是指派他出任土魯斯的法官職缺。一五五三年二月，葛哈斯宣誓成為*conseiller*，也就是法官，任職地點是他父親曾經擔任過辯護人的土魯斯高等法院。[7]

在葛哈斯前往土魯斯高等法院入職，到馬丹蓋赫奇案發生的這段期間，他的人生又出現了其他轉折。先是續弦再娶，接著是對新教教義越來越濃厚的興趣，因此開始思考是否該撰寫法學主題以外的書籍。他的繼室名為雅凱特（Jacquette de Bussi），是他的表親兼遺孀，同時也是法王麾下某位上訴法官的侄女。雅凱特在第一段婚姻並未誕下子嗣，和葛哈斯再婚後也沒有，不過她視繼子雅克如己出，彼此感情甚篤，她甚至總是稱雅克為「我兒子」。如今我們大致上只能透過官司結束後幾年間她與葛哈斯法官的魚雁往返得知夫妻倆的關係，但從書信內容可以看出，這段婚姻可以反映出他早年婚姻經驗的影響。8

葛哈斯對於雅凱特的深切愛意在信件中表露無遺，他幾乎可說是癡戀著這第二任妻子。他在某封信裡面寫道：「無論過去、現在或未來，不會有任何一位丈夫比我更深愛妻子。」他還說：「懇求你相信，日日夜夜、分分秒秒我都能夢到你，等待著你，渴望你與深愛你，以至於如果沒有你我就不復存在。」他會寄書給雅凱特看，還寄給她「一件俏皮的裙裝」，送了她「兩支形狀美妙、像你一樣深得我心的鋼筆」，還告訴她，如果雷阿勒蒙太冷，「可別孤枕獨眠跟僧侶一起睡。」(「僧侶」在此是雙關語，因為moine一詞在古法文裡面也可以指暖床器。)葛哈斯會在信中分享自己對於政治情勢的觀察，還有新教運動的發展，他還教妻子如何接待重要訪客，該說些什麼話。他擔憂妻子身體不健康，也怕妻子沒有以深情回報他。如果有一段時間沒有收到妻子來信，他就會在信中表示：「雖然我很不甘願承認，但這讓我相信自己沒有得償所願，我還沒有深深烙印在你的記憶深處。」

事實上，雅凱特對丈夫的情感的確有點保留。如果婚姻是一場追逐的遊戲，那麼葛哈斯追她追得頗辛苦。他在信末總是署名為「千千萬萬個愛你的葛哈斯」，而她則是署名「您卑微又順從的妻子」。某次葛哈斯受邀出任要職，他很誠懇地徵詢妻子的意見，沒想到得到的解答竟是「您自己決定即可」，內心受傷的葛哈斯回了一封語調悲戚的信，信末簽了自己在官方文書上才會使用的簽名，如同發布命令。兩人結婚期間，儘管雅凱特的身體健康向來欠佳，但對兩人名下物業之管理卻仍是井井有條，無論是將土地出租、找人修葺圍籬、檢視租稅帳冊，或者命令佃農在土地上播種小米或燕麥，都不會有所遺漏。她也會與丈夫分享近況，把讀過的書、親手為他編織的襪帶、土產的閹雞及給他用的眼藥水寄過去。她希望丈夫的生活能夠過得「滿意而愉悅」。[9]

兩人共享的新教信仰在這對賢伉儷之間建立起特別堅固的連結。葛哈斯法官有很多管道可以瞭解新教教義——例如費拉拉的芮內公爵夫人就收留了很多躲避宗教迫害的新教難民，當時在費拉拉任教的葛哈斯可能與他們有所交流。一五四八年，葛哈斯對於《教會法》的主要著作《教士職責一般問題評述》出版時，他肯定還沒有改宗新教。他接受教皇統治的正當性，對於教皇的唯一建言是，希望他能永遠好好扮演忠實神職人員的角色，而非暴君。到了一五五七年，葛哈斯出版了反對祕密婚姻的著述，此時他就算不是新教教徒，至少也因為批判《教會法》而與新教站在同一陣線，而且也預期自己將會跟新教一樣遭致「各界以宗教為藉口對他進行惡毒的毀謗」。他也自認那本書中的所有論證都「遵循天主的意旨」，在這方面有如新教教義。[10]

葛哈斯這本《關於祕密且違禮之婚姻的短論》，可說為他的人生再度翻開新的篇章。這是他第一本以方言寫成的書籍。身為加斯柯尼人，葛哈斯法官表示這本書的寫作目標並不是像以往那樣要以華麗文學詞藻來豐富法語文化。他還表示過去自己使用的文字「其實與我自己用母語溝通時那種比較刺耳的講話方式不大相符」。透過方言來寫作，他想要藉此影響輿論，讓所有家長，「無論是目不識丁或者受過訓練、博學多聞，甚至是學問如同學者般精深的人」，都能把自家子女的婚姻當成一個可以好好討論的話題。他把這本書獻給法王亨利二世——因為這位法王才在不久前發布一道葛哈斯本人所支持的婚姻諭令。隨後亨利二世也賜予葛哈斯長達九年的「特權」，讓他能在出版或再版自己任何作品時享有獨占銷售權。此一贈禮可說是非比尋常，這讓葛哈斯比同一時代的大多數作者都對自己著作的印刷與利潤享有更高的掌控權。葛哈斯隨即於一五五八年動用法王授予的特權，用於他翻譯成法文的羅馬皇帝哈德良與哲學家愛比克泰德（Epictetus）的對話錄，並把這本書獻給法國王太子。接著又在一五六〇年將特權用於他那本論述法律體系結構的重要集大成之作《論法律的藝術》，這回題獻給法國大法官。[11]

＊＊＊

一五六〇年，也就是葛哈斯法官四十五歲那一年，他接任刑事庭法官的工作。前述種種證據顯示，他並不是個想法一成不變或固執的人。他為自己打造出亮眼的法界職涯，但對於新教運動也懷抱著更崇高的使命感——最後因此毀了自己的事業，甚至連性命也不保。身為羅馬法專家，他深信自己應該捍衛家庭秩序及國家主權（他曾說「臣民必須順從自己的君王與官長，一如順從自己的父母」），只不過就連說過這話的他也即將捲入土魯斯與法國

一五六〇年代晚期的葛哈斯肖像，原件佚失，此為十七世紀的複製品。資料來源：Bibliothèque Nationale, Cabinet des Estampes.。

各地爆發的新教反抗運動。他告誡世人，家人之間不該「貿然陷入激烈的親情」。但矛盾的是，當他想到自己一個月後就可以去接妻子，他卻會急急忙忙把行李箱拿出來，開始把妻子的塔夫綢裙裝進去。[12]

葛哈斯法官接觸到冒牌馬丹蓋赫時，認定眼前的男人跟他有些相似的特質。儘管冒牌馬丹只是個鄉農，但身繫囹圄的他卻臨危不亂、聰明敏捷且口若懸河。勒蘇厄赫寫道：「他看起來不只是在諸位法官面前複述那些事情，而是栩栩如生地把往事呈現在他們眼前。」葛哈斯則是說：「我不記得自己曾看過記憶力如此強大的人。」[13]冒牌馬丹也讓法官們相信他是個正正當當的顧家男人，深愛著他那面容姣好的妻子。況且，身為一個曾因母親遺產而把父親告上法庭的兒子，葛哈斯法官又怎麼會覺得馬丹為了帳冊而跟親叔叔打官司是令人髮指的行徑？根據我的揣測，冒牌馬丹是個傾向於新教的基督徒，而且如果我猜得沒錯，那麼葛哈斯就更有另一個理由選擇相信他。

豈料，那個穿戴木製義肢的男人「如奇蹟般」現身，彷彿天意，彷彿天主降下恩典來保護皮耶蓋赫，並且讓葛哈斯發現自己其實搞錯了。[14]兩年前，葛哈斯翻譯成法文的哈德良與愛比克泰德的對話錄出版，裡面曾有一段對話能促使他思考說謊這件事有多危險。

> 哈德良說：「有什麼是人類無法察覺的？」
>
> 愛比克泰德：「其他人的真心與想法。」

葛哈斯評論道：「事實上在人際關係中，最令人憎惡的莫過於造假與偽裝。但話說回來，我國在這方面極其不幸，無論在哪裡，都是最聰明的人最懂得把謊話說得漂亮，而且他們的虛假外貌與偽善言行往往也最受尊崇。」[15]

葛哈斯是否想過自己會被騙得那麼慘，慘到他不得不對該位騙徒的騙術佩服到五體投地？此等冒名頂替的罪行居然能做到長時間滴水不漏，居提勒「不得不撒的那千百個謊言」實在太過厲害。（誠如勒蘇厄赫所言：

「他對答如流，幾乎像在嬉戲。」）借用新歷史主義思想家葛林布萊（Stephen Greenblatt）的話來說，無論是律師、王室官員或有資格入朝為官的人，都是懂得形塑自我的高手，深諳如何塑造出專屬風格，透過言行舉止、特有的姿勢手勢與對話方式來提升自己的地位，而且十六世紀所有剛剛成為位高權重者都是如此。但如果自我形塑過了頭，到了什麼地步就會變成說謊造假？早在蒙田以一篇散文向讀者們進行自我控訴以前，大騙子龐塞特就已透過他的高超創作力促使法官們注意到這個問題。[16]

不，這並非展現出人類創造力的個案。這是葛哈斯的第一個反應。他認為居提勒應該是個懂得召喚惡靈的魔法師。居提勒是個背信棄義之人，因此遭判死刑可說是死有餘辜，而且無論從司法或從道德的觀點看來都是如此。然而，葛哈斯對居提勒的觀感確實充滿內在衝突。他身為位高權重的法國人，更能理解居提勒的所作所為，因此他的第二個反應是：這則奇案真的具有令人深深著迷之處。冒牌馬丹與貝彤黛之間這樁假戲真做的婚姻，一方面可說是錯得離譜，另一方面卻也是順理成章。

因為內心深受觸動，葛哈斯才會伏首案前，開始以鋒利筆觸把這樁故事記錄下來。這是他寫作生涯的另一個轉折，另一本以法文寫就的書。但最重要的是，儘管罪犯已經伏法，葛哈斯可以透過寫書來重新審判居提勒。既是再次將其定罪，卻也是在故事裡賜予他重生的機會。

第十一章　離奇的故事，悲慘的故事

葛哈斯的《令人難忘的審判》很有創意，書中充滿互相矛盾的人物形象，同時混雜著不同文類；至於勒蘇厄赫的《奇聞妙事》，儘管也有些原創特色，卻可以輕易地歸類在新聞報導這個文類，考慮到十六世紀尚無固定發刊的新聞媒體，這類作品相對重要。《奇聞妙事》是小開本的冊子，書中故事以蓋赫家遷居阿赫提加村起始，終止於居提勒遭處決，結尾處非常適切地把整個故事描繪成一則道德教誨。他在土魯斯的「某位友人」把手稿送往里昂的知名人文出版商圖赫納（Jean de Tournes）手裡，因為圖赫納有時也會出版一些時事作品。勒蘇厄赫沒有等到這本書獲得王室特許權就印刷出版了拉丁文原文版。另一份稿子則落入巴黎出版商塞赫特納斯（Vincent Sertenas）手裡。到了一五六一年一月，塞赫特納斯託人翻譯成法文的稿子完工，從王室獲得為期六年的特許權。他印刷出版的法文版書籍並未署名作者是誰，完整書名是《一五六〇年發生於朗格多克的一則虛假丈夫的奇聞妙事》。跟謀殺、通姦、火災、水災這類冠上「可怕」與「奇異」等字眼的事件一樣，這樁冒名頂替案的新聞開始四處流傳。[1]

差不多也在同一時間的一五六一年二月二日，葛哈斯在手稿上寫下獻詞，送交里昂的出版商文森（Antoine Vincent），並且把法王授予他的九年出版特許權移轉給對方。直到這一年以前，文森都很少出版以方言寫成的書籍。他過去都是藉由出版拉丁文書籍來累積財富，包括葛哈斯一五五五年出版的《論法律行為》與一五六〇年出版的《論法律的藝術》。[2]對一五六一年的購書人而言，這回新書的書名遠比前幾本還要具有誘惑力，也更新鮮——葛哈斯新書的完整書名為《一五六〇年九月十二日於土魯斯高等法院宣判之令人難忘的審判，除了收錄這則當代奇案，還有承審法官兼結案報告撰寫人葛哈斯先生的百條博學且精彩註解》(*Arrest Memorable, du Parlement de Tolose, Contenant une histoire prodigieuse, de nostre temps, avec cent belles, & doctes Annotations, de monsieur mais tre Jean de Coras, Conseiller en ladite cour, & rapporteur du procès. Prononcé es Arrestz Generaulx le xii Septembre MDLX*)，簡稱《令人難忘的審判》。

法國人有時候會出版刑案的判決結果，像是一五三六年法國王太子遭某義大利人毒殺的案件就是如此。各種收錄民法與刑法法令的選集也漸漸開始如雨後春筍般問世。[3]不過葛哈斯的這本書依舊特殊，因為整本一百一十七頁篇幅裡判決結果只占兩頁，且法官本人並未低調不語，而是把評論寫成一本蘊含深厚學理的刑法專書，更到處宣傳他在法庭上所聽聞的事蹟，讓這樁案件變得遠近皆知。葛哈斯可能是法國歷史上第一位把自己經手刑案以方言寫成專書的法界人士。[*]

勒蘇厄赫使用「奇聞妙事」一詞為書名，確實畫龍點睛。那個年代的確瀰漫著一股「奇觀怪事」的氛圍，人們喜歡各種令人大開眼界的動植物、兩個太陽或人類生出怪物等軼事傳說。就在同一年，出版商塞赫特納斯才剛出版了博瓦斯托（Pierre Boaistuau）的《怪物與怪象》一書，而他在出版勒蘇厄赫那本小書《奇聞妙事》時，還把書名改編成一首敘述馬丹蓋赫奇案的十四行詩：「奇怪奇怪真奇怪／無論是在基督教或異教的年代……／看過這椿冒牌丈夫的奇案／什麼都變成不奇怪。」無獨有偶，葛哈斯恰好曾在瓦朗斯市擔任過博瓦斯托的老師，而葛哈斯這本新書的完整書名同樣也使用了「prodigieuse」（奇特的）這個字，而且用意與勒蘇厄赫一樣：能冠上這個形容詞的事物不見得是世上絕無僅有，但絕對稱得上奇特怪異，罕見非常。所以馬丹蓋赫奇案的確比其他冒名頂替案件更加稀罕。[4]

翻開葛哈斯《令人難忘的審判》內頁，乍看之下很像傳統的法律評論專書，作者引述法律文件，再透過自己撰寫的註釋與文中的法律觀點交鋒。事實上，葛哈斯在書中引述的並非法院正式文件，而是他自己經過抽絲剝繭而建構出來的「複雜脈絡」，[5] 註釋內容往往與法律本身無關。

葛哈斯讓這種「文件＋註釋」的書寫形式重獲新生，也讓自己獲得以往無法享有的揮灑空間。（不過，以往他用拉丁文寫書其實也沒有綁手綁腳，主題依舊非常廣泛。）首先，這讓他有機會審視他那個年代刑案審理過程中的各種關鍵議題：證人、證據、逼供，還有「證明被告有罪」到底意味著什麼。在這樁奇案中，他親眼見識到那些「最好的」證人其實都搞錯了，而道

＊ 自從法王於一五三九年頒布《維萊—科特雷敕令》以來，所有法律審判文書都必須以法文寫成。就民法案件而言，因為是開放給一般大眾旁聽的，所以律師所寫的正式答辯狀有時候也會印刷出版，到了十六世紀末甚至成為備受歡迎的文類。（Catherine E. Holmes, *L'Eloquence judiciaire de 1620 à 1660* [Paris, 1967]）相形之下，刑事案件原則上只在宣判當日開放給民眾旁聽，而且律師們也時常沒有寫下答辯狀（馬丹蓋赫奇案就是如此）。這意味著如果要到案件審判結束才把刑案內容寫成文學著作，作者就必須大費周章才能把整個案件形諸於文字。

聽塗說的證據反而才是真實正確的，法官更是差點冤枉好人。其次，這樁案件也讓他有機會討論婚姻與其相關問題，例如新郎新娘在青春期以前就結婚、性無能、遺棄，還有通姦。[6]藉著撰寫這本書，他也有機會反省宗教問題，像是褻瀆天主，或者暗中挖苦基督教教義。葛哈斯認為，坊間用做彌撒時拿到的聖餅或特製糕點來破除性無能的魔咒，根本是「無用的迷信」，禱告與禁食才是問題的正解。針對魔法寫下的註解也反映出他的新教傾向，因為他認為耶穌為拯救世人而犧牲的熱誠正是救贖的來源，我們都該懇求祂「喚醒我們的心性……如此一來才能在聖言的光照之下驅散惡魔所施加的一切妄念、虛偽及詐騙，讓所有天主子民與教會避免誤入歧途」。[7]

馬丹蓋赫奇案是否還蘊含其他深層涵義，讓葛哈斯認為可以藉此傳播新教的福音？從本書出版的脈絡看來，確實是有的。本書的出版人文森正是法國新教教會的重要人物，後來在一五六一年獲得王室批准，出版了翻譯成方言的喀爾文教派《聖經．詩篇》，其暢銷程度更勝於葛哈斯的《令人難忘的審判》。葛哈斯也把他這本書獻給瓦朗斯市的主教蒙呂克（Jean de Monluc），而這位主教的宗教思想恰好就在《令人難忘的審判》出版的這一年（一五六一年）遭巴黎神學院判定為異端邪說。勒蘇厄赫的《奇聞妙事》最開始的出版脈絡也充滿了新教色彩：作者不但在宗教信仰上越來越傾向於喀爾文教派，還把書獻給遭懷疑是新教異端同路人的居福赫法官，而且將這本書付梓出版的圖赫納本人也是新教支持者。同樣具有新教傾向的葛哈斯與勒蘇厄赫也許曾這樣自問：如果是在新教的大本營日內瓦，或許就不會發生蓋赫家的這種人倫悲劇吧？因為那裡不但通過了新的婚姻法案，而且照規矩來的宗教法庭也絕對不會允許兩個還沒進入青春期的孩子成婚。如此一來貝彤黛就不會那麼快遭馬丹遺棄，她與冒牌馬丹的通姦情事也會很快就遭揭發。兩位作者或許也會捫心自問：難道不是土魯斯高等法院的法官們太過自負，新教教義裡的天主才會差遣瘸子馬丹及時返回法國出庭，以免他們鑄成大錯？[8]

必須強調的是，即便葛哈斯與勒蘇厄赫認為前述問題的答案都是肯定的，也沒有將這一答案反映在這兩本書的字裡行間。無論天主教或新教讀者，都能接受《令人難忘的審判》中的書寫內容，該書後來也在巴黎由幾家立場偏向天主教的出版社再版；勒蘇厄赫的巴黎出版商塞赫特納斯也是天主教徒。葛哈斯的題獻詞或許無關宏旨，只是強調他寫的書「論旨如此精要，讀來賞心悅目，但故事卻極度奇特」，因此應該可以讓蒙呂克主教消遣一下，樂而忘憂。[9]

事實上，《令人難忘的審判》的最大特色就是作者的語調遊走於天主教與新教之間，就文類而言更是混雜著法學、歷史與文學作品的特色。這既是一本質疑法律運作機制的法學著作，也是一本讓人對「是否有真實歷史紀錄」存疑的歷史作品。從文學角度來看，書中同時兼具道德教誨、喜劇與悲劇三種元素。故事中的英雄看似惡徒，惡徒也看似英雄，因此作者是同時用兩種方式來說故事。

《令人難忘的審判》之所以能蘊含這種複雜性，理由之一就在作者用比較複雜的方式來進行法律論辯。本書正文的編排方式與葛哈斯為刑事庭寫的結案報告類似，必須同時包含有利與不利於被告的兩種論證。不同之處在於，他既可以在正文中以「被告」與「前述那位居提勒」來指稱馬丹，也可以在註釋裡面將其評斷為「這個鄉巴佬」、「這淫蕩的傢伙」或「這驚世駭俗的罪犯」。

葛哈斯也在建構敘事的過程中，將某些情節放大或省略，甚至可以說他並不是百分之百實話實說。首先，他把居提勒塑造成一個擁有神奇記憶力的角色，記得關於馬丹蓋赫的一切，但若參照勒蘇厄赫的說法，居提勒至少忘記了幾件事，例如馬丹接受堅振禮時在場的教父姓名。其次，在受到矇騙的情況下，他跟其他法官幾乎已對居提勒信以為真，但他在書中卻把自己與法官們描繪成「仍有疑慮」。勒蘇厄赫曾提及貝彤黛與皮耶遭囚禁好幾個月，相較之下葛哈斯的書卻忽略此事，更重要的是這件事其實兩度出現在土魯斯高等法院的判決登錄簿裡面。事實上，一五六〇年九月十二日的判決文裡面明文寫到貝彤黛與皮耶蓋赫「曾因本案而繫獄」，但等到葛哈斯把判決文轉載到他的書中時，這句話卻完全遭到刪除，而代之以「略」。

省略並不純粹是出於節省篇幅的考量，因為葛哈斯在書裡面的判決文額外加上幾條居提勒實際上並未遭判刑確定的罪名：「綁架、褻瀆聖物、*plagiat*（指羅馬法中偷偷將某個自由人賣掉或對其犯下之其他罪行）、竊盜，以及前述犯人所做出的其餘犯罪行為。」[10] 根據葛哈斯在註釋中的闡釋，前述罪名其實是從「假冒他人身分行騙」及「通姦」這兩項罪行衍生出來的。透過這樣的推衍，讓他有機會主張貝彤黛其實是受到脅迫，因此被告遭判處死刑可說是死有餘辜。

*

整體而言，前述種種誇大與省略的書寫手法強化了《令人難忘的審判》的道德教誨意味。為了建構出居提勒這個騙子的驚世駭俗特性，葛哈斯拿他與《聖經》、古典文獻及近世的冒名頂替者來進行比較。兩個沒有任何親戚關係的人能夠天生就長那麼像，這事已經夠奇怪了。葛哈斯上窮碧落下黃泉查找類似案例，就算能找到騙子在面貌及言行舉止（「不得不撒的那千百個謊言」）都與被冒充者相像，卻從來沒有人能像居提勒那樣撐了好幾年才東窗事發。十三世紀就曾有人冒充法蘭德斯的包德溫伯爵，也能夠提出許多證據來證明自己就是本尊，但伯爵的女兒珍妮卻從頭到尾都覺得可疑。葛哈斯認為居提勒厲害之處就在於，不僅親戚們都接受他，「令人更感佩服的是」，曾經與正牌丈夫從早到晚一起生活三年多的妻子居然「從來沒有察覺自己受騙，甚至沒有起疑過」。透過敘事手法，葛哈斯把居提勒塑造成具備把人騙得團團轉的強大能力。即便居提勒堅稱自己並未召喚惡魔施咒，葛哈斯仍說自己不禁會這麼懷疑——像這樣把居提勒汙名化為巫師，將他處以極刑當然

* 唯一讓葛哈斯感到為難的是竊盜罪，因為《查士丁尼法典》認為竊盜者應該罪不至死。但葛哈斯依舊主張，只要盜取物品的價值龐大（馬丹可以繼承的遺產），而且竊盜行為涉及背信及擾亂他人的平靜婚姻生活，就仍足以判處死刑。（頁一二六至一二七）

也就是理所當然，以收殺雞儆猴之效。這樣的敘事同時也把貝彤黛塑造成一位愚婦，而且有鑑於「她就是個弱女子，容易受到詭詐狡猾的男人欺騙」，這樁奇案會發生也就不難理解了。[11]

然而，這個版本的敘事卻會同時惹毛丈夫與情夫。在那個時代常見的滑稽故事裡，描繪某個人為了求愛而趁著月黑風高之際冒充別人，可說是屢見不鮮的橋段，而且被求愛者很少能夠察覺差別，往往會受騙上當——我只知道一個反例：十五世紀法文故事集《新故事百則》裡的老騎士分辨得出女僕與妻子，因為前者胸部堅挺，而後者的身形則已是徐娘半老。[12]不過，貝彤黛的遭遇卻是真實刑事案件，並非香豔刺激的文學故事，而且她與冒牌丈夫並不只是一夜風流而已。難道女人會因為天生柔弱就真的無法分辨出跟她結婚的丈夫與欺騙她的通姦者嗎？綠雲罩頂的正牌馬丹顯然覺得女人該有這種分辨能力，而且透過葛哈斯與勒蘇厄赫在書中的轉述，我們知道他在法庭上的確傳達了這樣的看法。既然葛哈斯癡戀續弦的妻子雅凱特，也知道她不是那種容易上當的愚婦，我們很難想像他會相信所有女人都是這麼好騙。*

葛哈斯法官在這則道德教誨的敘事中還留下其他漏洞，但也因為如此我們可以把《令人難忘的審判》一書當成另一種文類來看待。故事的英雄呢？照理說，道德教誨故事的開展都是始於英雄的啟程，並在英雄歸來時進入尾聲，先揭穿假英雄的面具，繼而與女主角成婚。不過在葛哈斯的敘事中，他基本上對於馬丹蓋赫離鄉背井抱持責備態度。至於馬丹的歸來，儘管葛哈斯認為是出於天意，卻也把他描繪成一個不願饒恕妻子，也不肯悔過自省的丈夫，甚至連記憶也比不過冒牌丈夫居提勒。從葛哈斯的敘事來看，儘管貝彤黛與丈夫破鏡重圓，未來可能也沒有好日子可以過。至於勒蘇厄赫，他的敘

* 從葛哈斯與女兒珍．葛哈斯的互動看來，顯然他也覺得女兒並非等閒女性。一五五九年九月他為了女兒而把米蘭多拉（Giovanni Pico della Mirandola）的拉丁文作品《十二誡》翻譯成法文，以此告誡她在面臨誘惑時要沉著冷靜。這部作品一五六五年於里昂出版，跟新版的《令人難忘的審判》一起推出。

述對於正牌馬丹也沒有給予太多同情，至少書中可以看到孟森卡勒庭長試圖充當和事佬的那一幕。（葛哈斯將這件事省略了。）[13]

或許更令人感到納悶的是，初版《令人難忘的審判》選擇省略了居提勒的臨刑告解與處決過程。在原本的史料紀錄中，居提勒曾在告解時兩度承認自己是冒牌貨，如果讀者匆匆瀏覽過去，也許不會注意到這個事實，[14]結果葛哈斯的版本卻把故事結束在高等法院將居提勒判刑確定、把他押送希厄交給初審法官這一幕。因為省略臨行告解，葛哈斯保留了一點讓讀者存疑的空間：刑事庭到底有沒有冤枉好人呢？

一直要到葛哈斯的書於一五六五年再版時，他才將前述疑慮予以澄清，補述了居提勒在阿赫提加村臨刑前承認了犯行。然而，他又為此增添了一條註釋，把整個故事描述為「悲劇」，所以馬上又衍生了新的疑慮：

正文：有鑑於那些跟馬丹蓋赫最親近熟識的朋友，竟然也把這位冒牌馬丹誤認為馬丹本人……他覺得自己彷彿進入那種大家都聽過的悲劇，成為劇中人。

註釋一〇四：對於這位資質過人的鄉農來講，這的確是一齣悲劇，因為結局對他而言很悽慘，甚至要了他的命。又或者，這則故事讓我們很難分辨到底什麼是悲劇，什麼是喜劇。

當本書於一五七二年又再版時，出版商將這個觀點予以延伸，引用了「悲喜劇」這個在十六世紀法國文學理論與文學作品中越來越常出現的詞彙。* 「故事的開場可說是歡天喜地，充滿娛樂元素，包括那位騙過所有人的冒牌丈夫使出的所有花招與詐術。」(不明就裡的讀者搞不好還以為自己手

* 有趣的是，「悲喜劇」一詞的濫觴正是羅馬劇作家普勞圖斯（Plautus）那齣帶有冒名頂替情節的戲劇作品《安菲特律翁》(*Amphitryon*)。到了十六世紀初期，該劇已有各種拉丁文與法文的版本流通於世。

裡拿的是薄伽丘的《十日談》、納瓦拉的瑪格麗特的《七日談》，抑或是流浪漢小說《托美思河的小拉撒路》。)「到了中段，故事瀰漫著不確定與懸疑氛圍，因為案件審判過程充滿爭議，雙方各說各話。帶有道德教誨的結局令人悲傷、同情而悽慘哀戚。」勒蘇厄赫也數度將這樁奇案稱為悲劇，等於是用另外一種角度去看待他那比較簡單的敘事。[15]

我得強調葛哈斯對居提勒這位鄉農的看法深具原創性。法國的悲喜劇往往都是以快樂結局收場，而且多半以貴族擔任主角。例如義大利作家班德羅（Matteo Bandello）的《故事集》就被博瓦斯托翻譯及改寫成法文，書名更換成《悲劇故事集》後於一五五九年出版。這些故事的確都暗示「過度的」熱情會帶來悲劇（從居提勒與貝彤黛的故事也能看出悲劇與熱情的關係），只不過這類故事的角色都不是鄉農。葛哈斯之所以能夠把這樁奇案重塑為「發生在社會下層人士之間的一樁悲劇」，是因為某種程度上他能在鄉巴佬居提勒身上看到自己的影子，因為他們都是憑一己之力重塑自己的身分。[16]

在葛哈斯版的「先喜後悲」敘事裡，居提勒同樣被賦予了某些驚奇的過人之能。例如葛哈斯將其比擬為古羅馬的諸神之王朱比特，為了誘惑安菲特律翁之妻而化為他的形象。葛哈斯還認為居提勒的驚人記憶力足以與古典時代的某些人物相提並論，例如古羅馬哲人老塞內加（Lucius Annaeus Seneca）的好友拉特羅（Porcius Latro），甚至有過之而無不及。葛哈斯也強調居提勒並非沒有共犯，例如貝彤黛就是：其實她並非完全被蒙在鼓裡，而是在發現後決定與居提勒假戲真做——我們是可以在葛哈斯的字裡行間看到這個版本的貝彤黛，但遠不如愚婦形象那般明顯。畢竟對葛哈斯來說，像貝彤黛那種原本潔身自愛的婦女竟然如此糟蹋自己的身體，還是比居提勒重塑自己身分更加驚世駭俗。或許這對於男人實在是夢魘等級的話題，葛哈斯就曾在信中對雅凱特提及自己「昨晚做了一個怪夢，你在我眼前另外嫁給別人，而當我責備你不該如此辜負我的時候，你卻逕自轉身而去」。[17] 藉著這種敘事手法，我們才有辦法接受曾經性無能、如今遠走他鄉的丈夫活該遭妻子戴綠帽的事實。居提勒搖身一變成為某種英雄，即便是冒牌貨，在某種意義上卻比那鐵石心腸的瘸子更真實。這樁奇案之所以會演變成悲劇，不是因為他選擇冒名頂替他人，而是因為東窗事發。

第十二章　瘸子

一五六七年十二月，葛哈斯法官在寄給妻子的信件裡面寫道：「我寄了一本我寫的《令人難忘的審判》給你，是新出爐的第五刷版本。」即便一五六五年在巴黎與布魯塞爾出版的版本可能侵犯了他的九年出版特權，他依舊能因為這本書的熱賣而為自己感到驕傲。這是一個開本比較小的版本，這樣的規格顯然可以降低印書成本，而出版商此舉無非是想讓更多人願意出錢買書。到了一五七二年初，葛哈斯的特權早已過期，多家巴黎出版社也申請到出版十年特權，將他的書予以印行。[1]

這時葛哈斯已經很少想到《令人難忘的審判》這本書了。首先是一五六二年五月土魯斯爆發喀爾文教派發動的民變後，他與篤信天主教的高等法院同事們發生爭執。（多位證人宣稱看見多把火繩槍從葛哈斯位於土魯斯的宅邸窗口伸出開槍，但他強烈否認有此事。）接著到了一五六八年初，幾位信奉新教的法官們不僅遭土魯斯高等法院解職，還遭判加重叛國罪，繪有他們模樣的人偶還被公眾吊起。當時葛哈斯人在國外——由於納瓦拉王后達勒貝赫[*]是胡格諾派新教徒，他去王后麾下擔任大法官，為新教貢獻心力。雖然葛哈斯在騷亂平歇後才回到土魯斯，卻在巴黎發生聖巴托洛繆節大屠殺（Massacre de la Saint-Barthélemy）時與同院另一位法官費希耶赫雙雙遭到囚禁。一五七二年十月，身穿紅色法袍的他們在土魯斯高等法院前遭一群天主教暴徒以私刑處死。[2]

即便如此，葛哈斯的著作仍能持續再版。那是個天主教與新教激烈鬥爭的時代，兩邊相互指責對方是假教會，是矇蔽世人的魔鬼代言人，而葛哈斯那本關於假丈夫的書在一五七九年又於巴黎再版。第一版《令人難忘的審判》

的幾個拉丁文譯本則分別於一五七六及一五八八年在法蘭克福問世（其中一個版本甚至流傳到英格蘭）。後來到了十六世紀末，里昂出版商巴托洛繆・文森（Barthélemy Vincent）承繼父親志業，將葛哈斯的作品予以再版。[3]

會買這本書的首要讀者群是律師與法官，他們會在扉頁上署名，在頁邊空白處寫下筆記，或是找人把這本書跟葛哈斯的《祕密婚姻法演繹》等關於婚姻的書籍裝訂在一起。到了十七世紀初，這本以「馬丹蓋赫審判」為主題的書已成為法學訓練必讀書目裡的重量級著作。在法學圈子以外，更廣大的讀者群則把這本書當成文學作品來閱讀，其中還有讀者把這本書跟勒蘇厄赫的《奇聞妙事》裝訂在一起。[4]

因為是新聞報導作品，《奇聞妙事》一書在後世的流變並不令人感到意外：歷經屢屢再版後終於發展成一則民間傳說。勒蘇厄赫在法文初版裡把冒

* 編註：第五章曾提及此人，當時仍是伯爵夫人。

牌馬丹拿來類比朱比特、墨丘利、安菲特律翁等神話人物或羅馬名將索西烏斯（Gaius Sosius）的段落消失了，阿赫提加村被誤拼為Artigne，居提勒則是變成Tylie，而且再也沒有修正過。到了一六一五年版，就連「貝彤黛」這個名字也被改成「某位知名女性」，事件發生的時代背景更是消失不見，變成「發生於不久之前的動盪時期」，而且也未提及聖康坦圍城戰及菲利浦二世。[5]

後世許多人都決定重述馬丹蓋赫奇案，或者對此案提出評論，而我們可以藉此窺見當時讀者對葛哈斯與勒蘇厄赫的著作有何反應。法王派駐於福雷（Forez）的法官帕彭（Jean Papon）寫的《知名審判集》於一五六五年初版，關於通姦的章節就收錄了這個案子。帕彭表示他特別震驚於居提勒的「罄竹難書」（別忘了，有好幾個罪名是葛哈斯在書裡面加諸在居提勒身上的），他還認為幾乎每一個罪名都足以判死刑。曾經師從葛哈斯、後來在土魯斯高等法院擔任法官的梅納赫（Géraud de Maynard），則是把焦點擺在貝荷娜德獲得婚生子女身分，以及在父親遭處決後得以繼承遺產之事，進而寫下《知名與特殊法律問題》一書。帕斯基耶（Etienne Pasquier）的百科全書式著作《法蘭西掌故》提到許多因為奇蹟式證據出現才得以結案的法院案件，其中一樁就是馬丹蓋赫奇案。頗負名望的巴黎法官帕斯基耶描述該案時鉅細靡遺，參考勒赫厄蘇的地方尤多，他認為自己的觀點是女性都會同意的：馬丹蓋赫首先就該因為拋妻棄子而遭判罪處罰。[6]

並不是所有作家都對法律問題感興趣，有些人認為本案最引人入勝的反而是故事中那些「奇特怪異」之處，也就是種種令人大開眼界的情節。身兼學者與出版商身分的艾提安（Henri Estienne）用馬丹蓋赫奇案來當佐證，表示古希臘史家希羅多德那個關於成功冒名頂替的故事其實並非異想天開。古參（Gilbert Cousin）及維赫迪耶（Antoine Du Verdier）在他們各自的著作裡面大談農民叛亂、彗星、洪水、女變男及政治陰謀等奇聞軼事，這個案子也夾雜其中。貝勒佛黑斯特為博瓦斯托的《怪物與怪象》撰寫續篇，把馬丹蓋

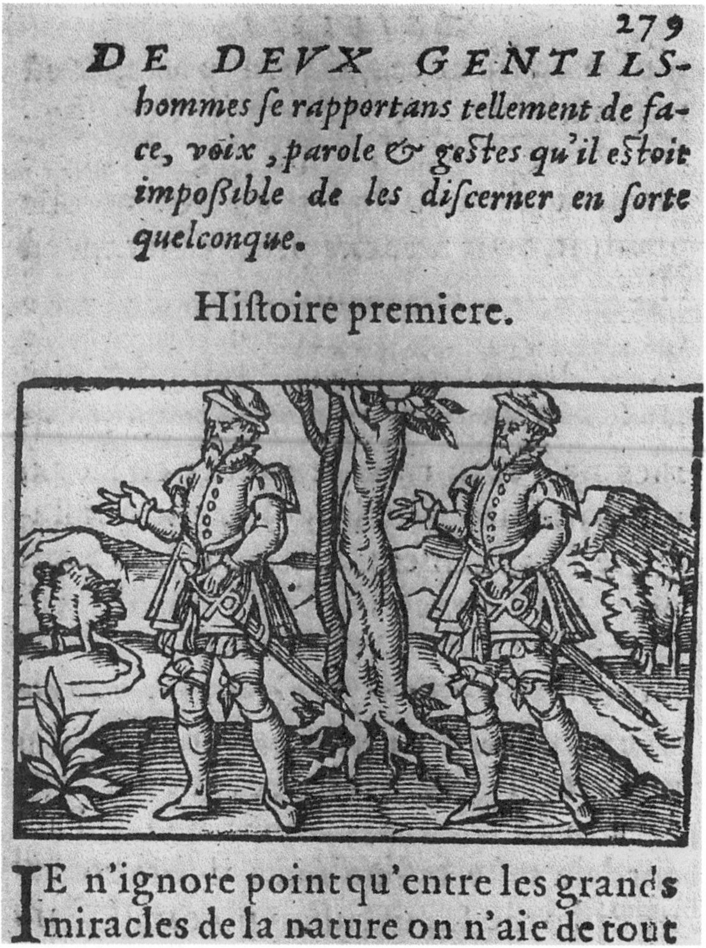

279

DE DEVX GENTILS-
hommes ſe rapportans tellement de fa-
ce, voix, parole & geſtes qu'il eſtoit
impoßible de les diſcerner en ſorte
quelconque.

Hiſtoire premiere.

IE n'ignore point qu'entre les grands
miracles de la nature on n'aie de tout

十六世紀外觀神似的案例，摘自貝勒佛黑斯特一五七四年於巴黎出版的著作。資料來源：University of Pennsylvania, Furness Memorial Library, Special Collections, Van Pelt Library。

赫的案例歸類於書中「外觀神似」的章節——此案在土魯斯高等法院宣判當天，貝勒佛黑斯特人就在群眾裡旁聽。他在書中表示，與他同樣來自科曼日地區的法國丈夫對待妻子都「很溫柔，相形之下加斯柯尼人卻是眾所皆知的大老粗」。令人納悶的是，他是否忘記了居提勒其實是他同鄉。[7]

無論書寫動機是出於文學創作或法學專業著作，眾人在一點上所見略同：他們都把故事裡的居提勒塑造成一位創作天才，是世人該佩服、畏懼與羨慕的，同時也該敬而遠之。有幾位提及本案可能涉及施咒，但並未予以強調，因為當年法院審判的案件裡，巫師並不會被控涉嫌冒名頂替以藉此傷害無辜。[8]然而，在這些重述著作中，全然不見貝彤黛重塑人生的敘事，也沒有人針對審判是否嚴謹提出質疑。必須在此特別說明的是，一直要到二十世紀，才開始有人從女性視角針對這樁案件進行評論。沒有任何紀錄顯示雅凱特對丈夫送給她當禮物的那本《令人難忘的審判》再版書有何看法。在我看來，她應該不會相信貝彤黛會是個被蒙在鼓裡好幾年的愚婦。*

男性對於馬丹蓋赫奇案的普遍反應大致就如同前面所述，不過有兩位男性倒是例外。其中之一是曾投效軍旅的詩人給亞（Auger Gaillard），他跟葛哈斯同樣來自阿勒比傑瓦地區，而且也信奉新教。他的作品《奇愛畸戀》於一五九二年出版，有法語跟奧克語兩種版本。他在書中表達認同的並非那位「老練的騙子」，而是受騙失身的妻子：

……在貝亞恩與在法國
許多我見過的女孩都長相酷似
她們在許多地方來去自如
騙得我如霧裡看花

他很高興自己愛上的女性是摩爾人，很肯定自己就算與她分別百年後重聚，還是能夠認出對方。[9]

另一個例外就是思想家蒙田。他所寫的散文《瘸子》（Of the Lame）最初於一五八八年問世，[10] 許多人都認為蒙田在這篇散文約略提及土魯斯高等法院那宗刑案，只不過是為了要帶出「不應將巫師處以燒死的極刑」這個觀點。但蒙田論及的議題其實不限於巫術，而且通篇散文都隱約反映出他受到葛哈斯與《令人難忘的審判》影響。蒙田堅稱，想要瞭解真相是非常困難的一件事，而且人類理性這種工具極其不可靠。他寫道：「真假可說是撲朔迷離，難以分辨……。無論真假，我們都是用同一雙眼睛來看待。」蒙田坦承自己在與人爭論時也不免會大動肝火，用雄辯滔滔的言詞來誇大所謂真相有多麼一目瞭然，而實際上我們都只是在堅持己見，用鐵與火般的強硬、極端

---

* 就各個角度來看，小說《馬丹蓋赫之妻》作者珍娜・路易斯（Janet Lewis）的看法與我截然不同，不過有一點我們倒是有共識：貝彤黛並非愚婦，她的個性甚至還帶著些許獨立自主的精神。

手段逼迫他人接受。與其冒冒失失自認百分之百正確，倒不如事事都抱持保留，寧可在六十歲時還把自己當個徒弟般虛心求知，也不要才十歲就以為自己是個了不起的博士。

在《瘸子》這篇文章裡，蒙田就是行文至此才開始明確地討論起馬丹蓋赫奇案：

> 年輕時我曾親眼目睹土魯斯高等法院的葛哈斯法官斷案，事後還出書討論這件某位男子冒充另一位男子的奇案。我記得（而且我能清楚記得的只有這部分）法官證明那個男人確實冒名頂替他人，並且判他有罪。這樁案件實在是古怪離奇，不光是我們，就連他身為法官都覺得匪夷所思，超越常人能理解的範圍。既然如此，最後他竟然判處那個男人絞首死刑，在我看來是相當魯莽的。

如果是蒙田自己來斷案，他可能無法做出最後判決，就像那六十位來自阿赫提加村與薩亞村的鄉農無法分辨馬丹蓋赫與居提勒之間的差別。* 蒙田接著寫道：

我們就接受吧，法官在判刑時應該可以坦誠以告：「本庭對於此案完全不瞭解」，如此一來不是更為灑脫而正直？總好過古希臘亞略巴古（Areopagus）法院的法官們面對某個無法釐清或斷定的案子，內心糾結不已卻又不得不做出判決，最後只好要求相關人士等到一百年後再去出庭。

蒙田強調，以施咒罪燒死被告是個無法糾正錯誤的判決，但偏偏證據卻

* 別忘了，即便到了蒙田所目睹的宣判日當天，居提勒仍然堅稱自己就是馬丹蓋赫。蒙田可能也只讀了《令人難忘的審判》一書的初版，在那個版本裡面葛哈斯並未加入居提勒臨刑前坦承犯行的情節。

往往如此薄弱。除非掌握了清楚明白且真切無比的證據，否則不應該將人處死。他接著引述義大利諺語：「除非跟跛腳的女人睡一覺，否則哪有辦法領略與愛神維納斯在一起的完美至樂？」當時有些人認為，把這諺語裡面的「女人」換成「男人」也是講得通，因為跛腳的男人在下體肯定有「過人之長」來補償其缺點。在蒙田看來，這難道不是人類理性其實很差勁的最明顯例證嗎？難道不是證明了想像力太過豐富反受其害？他認為做出這類評斷的人都失之於「魯莽」，因為對他來講，「最大的懲罰或禁錮，莫過於人類無法改變的必然性，還有那種阻止人類繼續前進的無力感」。

《瘸子》一文問世時，葛哈斯已經殉難將近二十載，儘管蒙田對他苛責過深，但奇特的地方在於，這篇文章的確傳達了《令人難忘的審判》一書的中心論旨。葛哈斯才十來歲時就已經表現得跟個博士一樣，而他在書上所簽的題詞是「A raison cède」，也就是「我屈服於理性」。但葛哈斯到了四十五歲時卻承認自己往往會受理性誤導，也坦承任何法官都很難區分到底什麼是真話，什麼是謊言。葛哈斯大可選擇建議刑事庭將居提勒判處流放的刑罰，或者強制他前往法王艦隊擔任划槳船工，卻還是建議判處死刑。但就是因為他自己用含糊其詞的方式在書中呈現馬丹蓋赫奇案，才讓蒙田有了責難他的空間。蒙田的任務容易多了，畢竟他不是以法官身分撰文，而是「彷彿聊天般」寫散文，而且也不用像葛哈斯那樣面對那亟待判決結果出爐，處於分裂狀態的阿赫提加村與蓋赫家。

對讀《令人難忘的審判》與《瘸子》，就能讓兩個文本獲得新的意義。蒙田在文中屢屢訴諸於人腿的意象，例如王子雙腿罹患痛風卻因為某位教士的「神奇手法」而治癒、瘸腿風塵女子的畸形雙腿，或是法國人的腿部細長而日耳曼人的腿部粗壯，但都可以透過兩個民族騎馬的習慣來解釋其理由。蒙田自己也是畸形的，意思是他難以理解：「在這世上我見過最與眾不同的怪物，最特別的怪人，莫過於我自己……我越因為自己的畸形而感到詫異，就越覺得不瞭解自己。」馬丹蓋赫與居提勒的腿部也曾是爭議的焦點，但問

懲罰穿戴著木製義肢抵達，奧陶範文（Otto Vaenius）於一六一二年繪於安特衛普。資料來源：普林斯頓大學圖書館珍本與特藏文獻處。

題在於，難道「那位從西班牙回來、一隻腿是義肢的男人」真的象徵著上天要懲罰罪人嗎？羅馬文豪賀拉斯曾說，懲罰往往像是穿戴著義肢那樣姍姍來遲，但就算腳程最快的罪犯終究也難逃懲罰。還有另一個諺語值得提起：「謊言像個瘸子，因為任誰都沒辦法跟他一起走很久。」[11] 葛哈斯相信自己確實將冒名頂替者繩之以法，但無論是在他的《令人難忘的審判》，抑或是蒙田的那篇散文，我們都可以從字裡行間看出令人內心惴惴難安的不確定。

尾聲

冒牌馬丹蓋赫伏法後，下一次阿赫提加村出現在史料裡已是一五六三年的事了。不但所有人都復歸原位，原有疑慮也已煙消雲散。這一回，鄰近的兩家人發生爭執，於是找來皮耶蓋赫與（正牌）馬丹蓋赫當公親，同時再找幾個人來當爭議仲裁者，包括荷爾家的人。眾人最終同意仲裁的決定。在此同時，皮耶在希厄法院還有官司尚未了結：他把地位崇高的鄉農德律赫與他的妻子阿澤勒告上法院。由於居提勒生前曾把某些蓋赫家的家產賣掉，打這場官司的目的也許是為了索回那些財產。早在三年前還在打冒牌馬丹的官司時，葛哈斯就已經認為馬丹蓋赫有權主張那些變賣家產的契約無效，只是在賣出財產後到歸還財產前的過渡期間，如果有衍生利潤，買家也應該獲准保留那些錢，不用連同財產一起歸還。[1]

在那場奇案的官司後，馬丹蓋赫與貝彤黛是否就相安無事了呢？因為沒有直接史料，我們自然也不得而知，不過我們可以看出這對夫妻的確有理由不再針鋒相對，大可重修舊好。貝彤黛已是法院認證的通姦者，而馬丹頭上的綠帽反正也拿不下來了（不過當地仍有項傳統是，在夫妻和好後通姦的一方必須向另一方繳納罰款）。[2]她錯在如此輕易接受冒牌馬丹，他則是不該把家庭責任拋諸腦後，因此夫妻倆都必須好好度日，等待時間洗刷罪孽。馬丹如今已非出走前那位苦悶青年，有很多在遠方驚奇冒險的故事可以向大家述說，他也因為腿腳不便而需要一位能服侍他的妻子。（朗格多克人非常害怕瘸腿，而這項恐懼也反映在他們用來詛咒別人的話上面：「祝腿傷讓你變成瘸子！」）[3]至於貝彤黛則是在丈夫離家期間學會了各種農村手藝，個性也變得自信獨立，最重要的是她需要丈夫在身邊，她的孩子們也需要父親。[*]不過可能有一方必須在宗教信仰上讓步，因為貝彤黛可能是信仰新教，至於馬丹的天主教傾向則是不難想像，因為他曾是主教隨扈，也曾待過耶路撒冷聖約翰騎士團的修道院。

就連貝彤黛的婚床也有了新氣象，而我們會知道這一點，是因為馬丹蓋赫離世後，多位繼承人在一五九四年分得家產的情形露出了端倪。小桑克西在父親馬丹去世前已經先一步撒手人寰，但我們知道他有個教子名為桑克西・荷爾。馬丹的遺產包括幾家磚瓦工廠、三間房舍、列茲河兩側河畔的許多塊土地，全都分給了馬丹與貝彤黛後來生下的孩子皮耶及加斯帕赫，還有馬丹與第二任妻子生下的小皮耶（大約生於一五七五年）。[4]（顯然在馬丹的後代身上完全看不見巴斯克風俗習慣的遺跡了，他們已經成為道地的朗格多

* 貝荷娜德顯然是留在母親身邊。法官把居提勒遺留的財貨判給貝荷娜德，「如此一來在她出嫁時馬丹就不需要為她給付嫁妝。」（Le Sueur, Histoire, E iir.）

克人。）我發現到了十七世紀中期，又有一位阿赫提加的村民叫做馬丹蓋赫，而且他至少有六位同樣姓氏的親戚，包括擔任公證人的蓋赫家主人多明尼克，還有當地望族邦蓋勒家的媳婦安娜蓋赫。在阿赫提加村，蓋赫家與荷爾家可說是世代交好的兩大望族，兩家成員會擔任對方小孩的教父或教母，他們的許多房產、地產也都彼此相鄰，甚至有些共同持有農地的例子。[5]

不過，這難道意味著冒名頂替案彷彿沒有發生過，村民都能用同樣的方式繼續生活嗎？這難道意味著那樁假戲真做的婚姻並未留下任何痕跡，正當繼承與契約婚姻的價值就這樣源遠流長地傳承下去？我想不是的。貝彤黛怎麼可能在記憶中徹底抹去她與居提勒的生活點滴，而且村民肯定也會繼續議論那樁往事，只是在私底下嚼舌根，以免掀起昔日爭議。幾乎可以確定的是，眾人也知道葛哈斯法官寫了那本書，因為諸位公證人、商賈都會往來於阿赫提加與希厄之間，自然會把聽到的傳聞告訴大家。難不成阿赫提加的村民會希望在晚間聚會上找人大聲朗誦那本書，抑或是完全接受葛哈斯這位外人的敘事嗎？我看不大可能。既然是關於當地家族的故事，那麼就會繼續讓大家議論紛紛，跟其他時事沒兩樣。例如最近村子裡又出現了哪個私生子，最近有誰從列茲河河谷地區移居西班牙，接下來會在那裡待好幾年，不但納了小妾，連孩子都有了等等。[6]儘管不是每件軼事都能挺過當時的重大動亂（例如一五六〇年代延續到世紀末的幾場宗教戰爭），有些會永遠消失在時代洪流之中，但馬丹蓋赫奇案卻得以流傳至今。

大概在二十八年前，有個年輕母親剛從法屬加泰隆尼亞遷居阿赫提加村，她在嬰兒車旁邊對著村中某位老奶奶抱怨：「阿赫提加從來沒有發生過大事！」一老奶奶笑著答道：「也許現在沒有，但在十六世紀啊……」，接著就把馬丹蓋赫的故事娓娓道來。

* * *

馬丹蓋赫的故事一再為人重述，是因為這樁奇案提醒我們，驚世駭俗之事隨時有可能發生在你我身邊。即便我以史家身分將這樁奇案予以解密，仍然覺得故事本身充滿歷久不衰的活力。我想我已摘下往事的面紗，令其真面目展現在大家面前——除非龐塞特再次施展騙術，連我也被矇騙？

Celebrated Claimants Ancient and Modern. London: Chatto and Windus, 1873. Pp. 84–90.

L'Abbé P. Haristoy, *Galerie Basque de Personnages de Renom* in *Recherches historiques sur le pays Basque.* Bayonne, 1884. Vol. 2, ch. 24: "Martin Aguerre de Hendaye."

Armand Praviel, *L'Incroyable Odyssée de Martin Guerre.* Paris: Librairie Gallimard, 1933.

Janet Lewis, *The Wife of Martin Guerre.* San Francisco, 1941. French edition, *La Femme de Martin Guerre.* Paris: Editions R. Laffont, 1947. 這是一本小說，作者珍娜·路易斯取材於十九世紀英國對於馬丹蓋赫奇案的某則報導。她曾表示自己在看過葛哈斯的書以後，許多觀點都改變了。請參閱：*The Triquarterly,* 55 (Fall 1982), 104–110.

補遺

Jean de Coras, *Processo, et Arresto ò sentenza data dal Parlamento di Tolosa sopra d'un fatto prodiogoso et memorabile, tradotto di lingua francese nella favella toscana, per Mag. Gio. Batt Forteguerri Dott" Pistorese, con cento annotationi ornate et aggiunte da lui.* Dedication of Forteguerri to Christine de Lorraine, Grand-Duchess of Tuscany, dated Pistoia, April 1591. (Manuscript described by H. P. Kraus, Rare Books and Manuscripts, List 203, no. 132.) Forteguérri翻譯了一五六一年版的《令人難忘的審判》，偶爾會為葛哈斯的註釋加上自己的註釋。

些「粗鄙的用詞」，因為「如今的時代講求禮數」，那些話實在不堪入耳（頁287）。
——German translation, *Geschichte merkwürdiger Betrüger,* Halle, 1761. Vol. 1, pp. 419–445.
Germaine Lafaille, *Annales de la ville de Toulouse.* Toulouse, 1687–1701. Pt. 2, pp. 198–199.
F. Gayot de Pitaval, *Causes célèbres et intéressantes.* Paris, 1734. Vol. 1, ch. 1.
一七七二年在阿姆斯特丹出版了M. Richer修訂過的新版本。在馬丹蓋赫奇案的眾多重述版本裡面，這個版本是非常有趣的，而且也只有這個版本妄自揣測貝彤黛可能就是居提勒的共犯：「許多人會相信貝彤黛其實是自欺欺人，因為這樁罪行有利於她。」冒名頂替者居提勒根本不可能模仿馬丹蓋赫特有的那些小動作。
一七八七年在倫敦出版譯本，出版商是T. Cadell。小說家Charlotte Turner Smith把這本書翻譯成英文，書中收錄了十五個案例，請參閱：*The Romance of Real Life*. London: T. Cadell, 1787. Vol. 2, Chapter 4: "The pretended Martin Guerre."
後來在一七九九年，這個譯本在美國費城初次再版，出版商是J. Carey：*The Romance of Real Life*, Philadelphia: J. Carey, 1799. Pp. 202–221.
Charles Hubert, *Le Faux Martinguerre, ou La Famille d'Artigues, Mélodrame en Trols Actes, À Grand Spectacle, Tiré des Causes Célèbres ... Représenté pour la première fois à Paris, sur la théâtre de la Gaieté, le 23 août 1808.* Paris: Barba, 1808.
Reprinted, Paris, 1824.
這本書把馬丹蓋赫的故事大幅改寫，幾乎變成與原本事件截然不同的小說，例如主角「馬丹蓋赫」變成去過西印度群島的伯爵，而且居提勒是遭自己的父親揭穿真面目。
Pierre Larousse, *Grand dictionnaire universel.* Paris, 1865–1890. Vol. 8, p. 1603: "Guerre, Martin, gentilhomme gascon."

Tholose. Paris, 1628, pp. 500–507. This work first appeared in 1603.

Jacques-Auguste de Thou, *Historiarum sui temporis ab anno Domini 1543 usque ad annum 1607 Libri CXXXVIII.* Orléans [Geneva]: Pierre de la Roviere, 1620. Vol. 1, p. 788.

作者（Jacques-Auguste de Thou）是知名史家兼巴黎高等法院庭長，在這本書的一六〇四年初版裡面並未提及馬丹蓋赫奇案。但在一六〇九年版以後的版本裡面，他把該案件寫下來，裝訂時放在一六〇九年版第四卷的二八八至二八九頁之間（藏書地點：Réserve at the Bibliothèque Nationale）。他在一六一七年去世，隨後終於在該書的一六二〇年版裡面加印了他原本以手寫的文字，收錄在二十六卷裡面。

——*Histoire de Monsieur de Thou, Des choses arrivées de son temps. Mise en Françpis par P. du Ryer.* Paris, 1659. Vol. 2, pp. 177–178.

Estienne Pasquier, *Les Recherches de la France.* Paris: L. Sonnius, 1621. Book 6, ch. 35.

Jacob Cats, *S'weerelts Begin, Midden, Eynde, Besloten in den Trouringh Met den Proef-steen van den Selven door I. Cats ... Trougeval sonder exempel, Geschiet, in Vranckryck, In het laer MDLIX,* in *Alle de Wercken,* Amsterdam, 1658.

作者是非常多產的荷蘭倫理學家，他以押韻偶句詩的形式重述馬丹蓋赫奇案的故事。

Jean Baptiste de Rocoles, *Les imposteurs insignes ou Histoires de plusieurs hommes de néant, de toutes Nations, qui ont usurpé la qualité d'Empereurs, Roys et Princes ... Par Jean Baptiste de Rocoles, Historiographe de France et de Brandebourg.* Amsterdam: Abraham Wolfgang, 1683. Chapter 18: "L'Imposteur Mary, Arnaud du Thil, Archi-fourbe."

這本書主要是介紹那些企圖僭取權杖與王冠的人，但為何會收錄馬丹蓋赫奇案呢？根據作者的解釋，是因為那個故事實在太「令人難忘且奇特」。他表示自己主要是以葛哈斯的敘述為根據，只有更動了一

modernes. Ou traité prepartatif à L'Apologie pour Herodote. Geneva: Henri Estienne, 1566. Au lecteur.

Gilbert Cousin, *Narrationum sylva qua Magna Rerum, partim à casu fortunaque, partim à divina humanaque mente evenientium ... Lib VIII.* Basel: Henricpetrina, 1567. Pp. 610–611: "Impostura Arnauldi Tillii."

François de Belieferest, *Histoires prodigieuses, extraictes de plusieurs fameux Autheurs, Grecs et Latins, sacrez et Prophanes, divisees en deux Tomes. Le premier mis en lumiere par P. Boaistuau ... Le second par Claude de Tesserant, et augmenté de dix histoires par François de Belle-Forest Comingeois.* Paris: Jean de Bordeaux, 1571. Vol. 2, f. 282r-v: "Faux Martin à Thoulouze."

Subsequent editions include Paris, 1574, Antwerp, 1594, and Paris, 1598.

Antoine Du Verdier, *Les Diverses lecons d'Antoine Du Verdier ... Contenans plusieurs histoires, discours, et faicts memorables.* Lyon: Barthélemy Honorat, 1577. Book 4, ch. 26.

Pierre Grégoire, *Syntagma Iuris Universi ... Authore Petro Gregorio Tholosano I. V. Doctore et professore publico in Academia Tholosana.* Lyon: Antoine Gryphius, 1582. Part III, book 36, ch. 6, "On the crime of adultery," p. 669.

Michel de Montaigne, *Essais,* Paris, 1588. Book 3, ch. 11, "Des boyteux."

—— *The Essayes or Morall, Politike and Millitarie Discourses of Lord Michael de Montaigne ... done into English by ... John Florio.* London, 1610. Book 3, ch. 11, "Of the Lame or Cripple."

Auger Gaillard, *Les Amours prodigieuses d'Augier Gaillard, rodier de Rabastens en Albigeois, mises en vers françois et en langue albigeoise ... Imprimé nouvellement.* [Béarn], 1592.

Modem edition by Ernest Nègre in the *Oeuvres complètes.* Paris, 1970. Pp. 514, 525–526.

Géraud de Maynard, *Notables et singulieres Questions du Droict Escrit: Decidees et Iugees par Arrests Memorables de la Cour souveraine du Parlement de*

... *Doctiss. Viro Hugone Suraeo Gallo interprete.* Frankfurt: Andreas Wechel, 1576.

Reprinted in Frankfurt: Heirs Wechel, Claude Marnius and Jean Aubry, 1588.

Guillaume Le Sueur, *Admiranda historia de Pseudo Martino Tholosae Damnato Idib. Septemb. Anno Domini MDLX Ad Michaelum Fabrum ampliss. in supremo Tholosae Senatu Praesidem.* Lyon: Jean de Tournes, 1561. "A Gulielmo Sudario Boloniensi Latinitate donatum" (p. 2); "colligeb. G. le Sueur Bolon" (p. 22). Bibliothèque Nationale, F 13876.

——*Histoire Admirable d'un Faux et Supposé Mary, advenue en Languedoc, l'an mil cinq cens soixante.* Paris: Vincent Sertenas, 1561. Avec privilege du Roy.

這本由勒蘇厄赫撰寫的小冊子在同一年（一五六一年）有兩個版本出版，其中之一的書名如上所述（藏書地點：Bibliothèque Mazarine, 47214）；另一個版本則是把書名第一個字*Histoire*拼錯，變成*Histoite*（藏書地點：Bibliothèque Nationale, Rés. Ln27 9277 bis）。後來這本小冊子的內容被出版商Edouard Fournier收錄在*Variétés historiques et littéraires* (Paris, 1867, vol. 8, pp. 99–118) 一書裡面，內容不但有很多錯誤，編輯還加油添醋，且原文有四頁遭刪除。

——*Histoire admirable d'Arnaud Tilye, lequel emprunta faussement le nom de Martin Guerre, afin de jouir de sa femme.* Lyon: Benoît Rigaud, 1580.

——*Histoire admirable du faux et supposé maiy, arrivée à une femme notable au pays de Languedoc en ces derniers troubles.* Paris: Jean Mestais, no date [ca. 1615].

Jean Papon, *Recueil d'Arrests Notables des Courts Souveraines de France ... Nouvellement reveuz et augmentez outre les precedents impressions, de plusieurs arrests.* Paris: Nicolas Chesneau, 1565, ff. 452v-456v.

Henri Estienne, *Herodoti Halicarnassei historiae lib. ix ... Henr. Stephani pro Herodotu.* Geneva: Henri Estienne for Ulrich Fugger, 1566, f. **** iir.

——*L'Introduction au traité de la conformité des merveilles anciennes avec les*

延伸書目

本文為作者針對馬丹蓋赫奇案相關書籍所編選的書目，以第一版書籍的出版年為順序來進行編排。後來再版的版本及譯本都放在初版之後。

Jean de Coras, *Arrest Memorable, du Parlement de Tolose, Contenant une histoire prodigieuse, de nostre temps, avec cent belles, & doctes Annotations, de monsieur maistre Jean de Coras, Conseiller en ladite Cour, & rapporteur du proces. Prononcé es Arrestz Generaulx le xii Septembre MDLX.* Lyon: Antoine Vincent, 1561. Avec Privilege du Roy. (Quarto.)

Reprinted in Paris, 1565, in octavo, without privilege and without the name of the printer.

Reprinted in Bruges: Hubert Goltz, 1565.

——*Arrest Memorable ... avec cent et onze belles, et doctes annotations ... Item, Les Douze Reigles du Seigneur Iean Pic de la Mirandole ... traduites de Latin en François par ledit de Coras.* Lyon: Antoine Vincent, 1565. Avec privilege du Roy. (Octavo.)

Reprinted in Paris in 1572, without *Les Douze Reigles,* edition shared by Galliot du Pré and Vincent Norment. Avec Privilege du Roy.

Reprinted in Paris in 1579, edition shared by Jean Borel and Gabriel Buon.

Reprinted in Lyon: Barthélemy Vincent, 1596, 1605, 1618.

——*Arrest um sivepiaci tum Parlamenti Tholosani, Continens Historiam (in casu matrimoniali) admodum memorabilem adeoque prodigiosam: unà cum centum elegantissimis atque doctissimis Annotationibus Clariss. I. C. Dn. Ioan. Corasii*

(Aix-en-Provence, 1979), II, 302.

4 ADHG, B, Insinuations, vol. 6, 95^{v}-97^{v}。從文件上的描述看來，只有這位「小皮耶」(原文為Pierre *le jeune*) 是馬丹蓋赫的孀妻潔安娜・卡霍勒的兒子。父親去世時他仍是有兩位監護人的未成年人，這意味著他的年紀介於十五到二十五歲之間，而且他仍與母親同住。卡霍勒家（除了Carol，還有Carrel與Carolz兩種寫法）也是頗負名望的阿赫提加村家族，但社會地位仍不及荷爾家（ADAr, 5E6656, 9^{r}）。

5 ACArt（一六三二至一六四二年之間的婚姻與受洗紀錄簿）。一六五一年的地籍登記冊：Dominique Guerre；Gaspard Guerre（別名Bonnelle）；Ramond Guerre；Jean Guerre；Jammes Guerre, François Guerre, and Martin Guerre（前述三位是兄弟）；還有瑪莉・蓋赫的幾位繼承人。皮耶・荷爾與瑪莉・蓋赫的繼承人們共同持有幾片農地。打了幾場官司下來，阿赫提加村的蓋赫家算是能夠全身而退，但相較於此，留在拉布赫地區昂戴村的達蓋赫家族卻在一六〇九年捲入巫術案件而遭迫害。瑪莉・達蓋赫與約翰・達蓋赫是本案證人，而高齡七十三歲的彼得・達蓋赫則是遭來自波爾多的法官認定為「屢屢主持施咒儀式，是巫師聚會的發起人」，因此遭到處決。到了一六二〇年代，昂代村仍有幾位達蓋赫家族成員，其中一位相當具有名望，但並非*jurat*〔村子的民政官員〕(de Lancre, *Tableau de l'inconstance,* pp. 71, 125, 217; ADPyA, 1J160, no. 46, Jan. 14, 1620)。到了十七、十八世紀，薩亞村與勒潘村都還有居・提勒家的成員，不過他們仍然是尋常村民，而非村子裡的要人（ADHG, 2E2403, 43^{v}-45^{r}, 4E2016）。

6 根據一六三四年的受洗紀錄簿顯示，有一位蓋赫家成員是私生子：「尚……的父親是哈蒙・蓋赫，生下來就是私生子」(ACArt, Register of Baptisms, 1634)。根據尚-皮耶・普蘇向我透露，當年不少朗格多克地區居民前往西班牙當移工，在那裡成立另一個家庭，但後來還是回歸原來的家庭，與妻子小孩重聚。

8 Papon, 456^{r-v}; Du Verdier, pp. 300–301; Pasquier, pp. 570–571. Alfred Soman, "La Sorcellerie vue du Parlement de Paris au début du XVIIe siècle," in *La Gironde de 1610 à nos jours. Questions diverses. Actes du* 104 *Congrès national des Sociétés Savantes, Bordeaux,* 1979 (Paris, 1981), pp. 393–405.

9 Auger Gaillard, *Oeuvres complètes,* publ, and tr. Ernest Nègre (Paris, 1970), pp. 514, 525–526.

10 Montaigne, *Oeuvres complètes,* book 3, ch. 11。我所選用的是與蒙田同一時代的譯本，譯者是約翰・佛洛里歐：*The Essayes or Morall, Politike and Millitarie Discourses of Lord Michael de Montaigne* (London, 1610), "Of the Lame or Cripple," pp. 612–617.

11 Coras, pp. 52, 74, 88. Montaigne, *Essayes,* pp. 614, 616. *Quinti Horatii Flacci Emblemata* (Antwerp: Philippe Lisaert, 1612), pp. 180–181: "Raró antecedentem scelestum / Deseruit pede poenaclaudo," from the *Odes,* book 3, ode 2. Cesare Ripa, *Iconologia overo Descrittone dell'lmagini universali cavate dall'Antichità et da Altri Luoghi* (Rome: Heirs Gio. Gigliotti, 1593), p. 37: Bugia。所謂"la bugia ha le gambe corte"（「謊言的腿短」），就是將謊言予以擬人化，還為其賦予一根木腿。暗指木腿或瘸腿有多重含意的其他例子還包括：農神薩圖恩有一條木腿（Adhémar, *Inventaire,* vol. 2, p. 272）；瘸腿或畸形的腿與違背天主的正道或者邪惡墮落有關（Giovanni Piero Valeriano Bolzoni, *Hieroglyphica* [Lyon: Paul Frellon, 1602], pp. 366–367）。

尾聲

1 ADAr, 5E6653, 63^{r}, 97^{r}-98^{r}. Coras, pp. 23–24.

2 F. Pasquier, "Coutumes du Fossat," pp. 278–320. Philippe Wolff", *Regards sur le midi médiéval* (Toulouse, 1978), pp. 412–414.

3 François Rabelais, *Oeuvres,* ed. J. Boulanger (Bibliothèque de la Pléiade, Paris, 1955), *Pantagruel,* prologue, p. 169。如今朗格多克人還是會這樣詛咒別人。F. Mistral, *Lou Tresor dóu Pelibrige ou Dictionnaire Provençal-Français*

4 曾由律師收藏過的各個版本《令人難忘的審判》，如今收藏於以下地點：Bibliothèque Municipale de Lille（一五六一年版）；Bibliothèque Municipale de Poitiers, Lyon（一五六五年版）。與《秘密婚姻法演繹》(一五七二年於巴黎出版）裝訂在一起的版本收藏在下列地點：Bibliothèque Nationale (F32604); Bibliothèque Municipale de Lyon (337624); Paris, 1579: Robinson Collection, Faculty of Law, University of California, Berkeley。與其他婚姻法著作裝訂在一起的《令人難忘的審判》收藏於下列地點：Lyon, 1565, British Library, original owner French (G 19.341); Lyon, 1605, Saint Geneviève。與勒蘇厄赫《奇聞妙事》一書裝訂在一起的一五六一年版如今收藏於法國國家圖書館（編號F13876），上面有十六世紀偉大書迷兼法學家克勞德·杜普伊的簽名。

5 請參閱我編選的書末書目。

6 Jean Papon, *Recueil d'Arrests Notables des Courts souveraines de France* (Paris: Nicolas Chesneau, 1565), 452 -456 . Géraud de Maynard, *Notables et singulières Questions du Droict Escrit* (Paris, 1623), pp. 500–507; C. Drouhet, *Le poète François Mainard (1583?-1646).* (Paris, n.d.), pp. 7–8. Pasquier, *Recherches de la France,* book 6, ch. 35.

7 Herodotus, *Historiae libri IX et de vita Homeri libellus . . . Apologia Henr. Stephani pro Herodoto* (Geneva: Henri Estienne, 1566), f.**** ii^{r}. Henri Estienne, *L'Introduction au traité de la conformité des merveilles anciennes avec les modernes* (1566), ed. P. Ristelhuber (Paris, 1879), PP. 24–25. Gilbert Cousin, *Narrationum sylva qua Magna Rerum* (Basel, 1567), book 8. Antoine Du Verdier, *Les Diverses Leçons* (Lyon: Barthélémy Honorât, 1577), book 4, chs. 21–27. *Histoires prodigieuses, extraictes de plusiers fameux Autheurs . . . divisses en deux Tomes. Le premier mis en lumiere par P. Boaistuau . . . Le second par Claude de Tesserant, et augmenté de dix histoires par François de Belle-Forest Comingeois* (Paris: Jean de Bordeaux, 1574), vol. 2, ff. 279 -280. *Cosmographie universelle . . . enrichie par François de Belle-forest,* p. 372. Céard, *Les Prodiges,* pp. 326–335.

Coras, p. 147.

17 Coras, pp. 107, 138. *Lettres de Coras,* p. 16。勒蘇厄赫並未在書中把貝彤黛描繪成一個有能力重塑自我的女性。

第十二章　瘸子

1 ADHG, E916, December 8, 1567。一本收藏於巴黎兵工廠圖書館的一五七九年版《令人難忘的審判》，在扉頁上面以拉丁文寫道那本書是在一五八三年二月以十蘇的價格買到，對於這種書籍來講算是中等價位。

2 ADHG, B56 (arrêts civils), 557v-558r; B57, 65, 70r-73r; B67, 478v-479r. IADHG, B64, f. 69; B62, f. 73; B68, f. 449. Archives Municipales de Toulouse, GG826, deposition of May 26, 1562（感謝瓊恩・戴維斯提供這筆資料。）[Jean de Coras?], *Les Iniquitez, Abus, Nullitez, Iniustices, oppressions et Tyrannies de l'Arrest donné au Parlement de Toloze, contre les Conseillers de la Religion,* February 1568, in *Histoire de Nostre Temps, Contenant un Recueil des Choses Memorables passées et publibes pour le faict de la Religion et estat de la France, depuis l'Edict de pacification du 23 iour de Mars 1568 iusques au iour present. Imprimé Nouvellement. Mil D. LXX* [La Rochelle: Barthélémy Berton], pp. 321–354. E. Droz, *Barthélémy Berton, 1563–1573 (L'Imprimerieà La Rochelle,* 1; Geneva, 1960), pp. 98–106. J. de Galle, "Le Conseil de la Reine de Navarre à La Rochelle . . . 1569–70," *Bulletin de la société de l'histoire du protestantisme français, 2* (1855), 123–137. *Lettres de Coras,* pp. 23–28. Jacques Gaches, *Mémoires,* pp. 75, 117–120, 193, 417–418。在葛哈斯與費希耶赫殉難後，第三位遭暴民屠戮的法官是安端・德・拉克傑之一，他的弟弟安端・德・拉克傑之二是葛哈斯的女婿。

3 關於這些版本，請參閱我編選後附於本書書末的書目。一五七六年在法蘭克福出版的拉丁文譯本，如今有一本收藏於法國國家圖書館（編號F32609），上面有十七世紀英格蘭藏書家肯艾姆・迪格比的簽名。

關聯。

10 Le Sueur, *Historia,* pp. 11, 18. Coras, pp. 90, 108–109, 123–128. ADHG, B, La Tournelle, vol. 74, May 20, 1560; vol. 76, September 12, 1560.

11 Coras, pp. 11–22, 139, 149.

12 *Cent Nouvelles Nouvelles,* conte 35。可以拿以下幾個故事來做比較：*Heptaméron* of Marguerite de Navarre, Second Day, conte. 14（波尼維爵士冒充某位米蘭婦女的義大利情人）；Fifth Day, conte 48（兩位方濟會修士冒充佩里戈爾地區某個農村新娘的新郎）；Shakespeare's *All's Well That Ends Well*（在莎翁名劇《皆大歡喜》裡面，女僕海倫娜冒充成貝卓姆〔即魯西永伯爵〕的情婦黛安娜，與他幽會）；Shakespeare's *Measure for Measure*（在莎翁另一名劇《一報還一報》裡面，瑪麗安娜替代伊莎貝拉去與安傑羅幽會）。上述所有故事中遭矇騙者都是在真相大白後才知道自己上當。就連美國民俗故事研究的大師史提斯．湯普森都找不到跟馬丹蓋赫同類的冒名頂替案，最接近的案例是某個冒充雙胞胎兄弟，與兄弟的老婆上床的男人，請參閱：Stith Thompson, *Motif-Index of Folk Literature* (Bloomington, 1955–1958), K1915–1917, K1311.

13 Vladimir Propp, *Morphologie du conte,* tr. Marguerite Derrida (Paris, 1970).

14 Coras, *Arrest Memorable* (1561), f.** $3^{r\text{-}v}$, pp. 70–71.

15 Coras, *Arrest Memorable* (Lyon: Antoine Vincent, 1565), pp. 158–178, annotation 104. Coras (1572), f. $*ii^{r\text{-}v}$. Le Sueur, *Historia,* pp. 4, 11, 22; *Histoire,* $Aiii^{r}$, $Ciii^{v}$. Henry C. Lancaster, *The French Tragi-Comedy: Its Origin and Development from 1552 to 1628* (Baltimore, 1907); Marvin T. Herrick, *Tragicomedy: Its Origin and Development in Italy, France and England* (Urbana, 1955); Susan Snyder, *The Comic Matrix of Shakespeare's Tragedies* (Princeton, 1979).

16 *Histoires tragiques, Extraktes des oeuvres Italiennes de Bändel, et mises en langue Françoise: Les six premieres, par Pierre Boaistuau . . . Et les suivantes par François de Belief ores t* (Paris, 1580); Richard A. Carr, *Pierre Boaistuau's "Histoires Tragiques": A Study of Narrative Form and Tragic Vision* (Chapel Hill, 1979);

Canards imprimés entre 1529 et 1631 (Paris, n.d.); *L'Information en France de Louis XII à Henri II* (Geneva, 1961).

2 E. Droz, "Antoine Vincent: La Propagande protestante par le Psautier," in *Aspects de la propagande religieuse, études publiées par G. Berthoud et al.* (Geneva, 1957), pp. 276–293. N. Z. Davis, "Le Monde de l'imprimerie humaniste: Lyon," in *Histoire de l'édition française,* ed. Henri-Jean Martin and Roger Chartier (Paris, 1982), vol. 1, pp. 255–277.

3 Seguin, *L'Information . . . de Louis XII à Henri II,* reign of François I: nos. 55, 142; reign of Henri II: no. 29. Jean Papon, *Recueil d'arrestz notables des courts souveraines de France* (Lyon: Jean de Tournes, 1557).

4 Jean Céard, *La Nature et les prodiges: L'Insolite au XVIe siècle en France* (Geneva, 1977), pp. 252–265. Michel Simonin, "Notes sur Pierre Boaistuau," *Bibliothèque d'humanisme et renaissance,* 38 (1976), 323–333. Seguin, *L'information . . . de Louis XII à Henri II,* reign of Henri II: no., 22. Pierre Boaistuau, *Histoires prodigieuses les plus mémorables qui ayent esté observées depuis la Nativité de Iesus Christ iusques à nostre siècle* (Paris: Vincent Sertenas, 1560). Jean de Tournes had published *Des prodiges* of Jules Obsequent in 1555, five years before the *Admiranda historia* of Guillaume Le Sueur. Le Sueur, *Histoire,* verso of title page. Coras, pp. 11–12.

5 Coras, p. 1.

6 Coras, pp. 2–7, 40–45, 118–123.

7 Coras, pp. 44–45, 96.

8 安端・文森取得的《聖經詩篇》出版特權是從一五六一年十月十九日起算。關於蒙呂克主教，請參閱：AN, MM249, 130^{v}-133^{r}, 136^{r-v}, and Vidal, *Schisme et hérésie,* pp. 165–166. "Projet d'ordonnance sur les mariages," in Calvin, *Opera omnia,* vol. 38, pp. 35–44.

9 Coras, *Arrest Memorable* (1561), f.* 2^{r-v}。在此特別感謝安妮・夏洪提供的訊息，讓我知道葛哈斯《令人難忘的審判》的出版商文森・塞赫特納斯與後來在巴黎將該書再版的多位出版人之間透過天主教而有所

11 *Des mariages clandestinement. . . contractes,* dedication to Henri II. *Altercacion en forme de Dialogue de l'Empereur Adrian et du Philosophe Epictéte . . . rendu de Latin en François par monsieur maître lean de Coras* (Toulouse: Antoine André, 1558)。法王授予的這項九年特權是從一五五七至五八年之間的四月起算。*De iuris Arte libellus* (Lyon: Antoine Vincent, 1560)。關於葛哈斯的《論法律的藝術》一書與他的法學思想，請參閱：A. London Fell, Jr., *Origins of Legislative Sovereignty and the Legislative State* (Königstein and Cambridge, Mass., 1983).

12 Jean de Coras, *Remonstrance Discourue par Monsieur Mais tre Jean de Coras, Conseiller du Roy au Parlement de Tolose: sur l'installation par luy faicte de Messire Honorat de Martins et de Grille en l'es tat de Seneschal de Beaucaire, Le 4 Novembre 1566 à Nymes* (Lyon: Guillaume Rouillé, 1567), pp. 17–19. G. Bosquet, *Histoire sur les troubles Advenus en la ville de Tolose l'an* 1562 (Toulouse, 1595), p. 157. ADHG, B56 (arrêts civils), 557[v]-558[r]. Germain La Faille, *Annales de la ville de Toulouse* (Toulouse, 1687–1701), vol.

13 Le Sueur, *Historia,* p. 12. Coras p. 64.

14 Coras, p. 87. Le Sueur, *Historia,* p. 14.

15 Coras *Altercacion,* pp. 59–63.

16 Coras, p. 12; Le Sueur, *Historia,* p. 18; *Histoire,* D iv[r]. Stephen Greenblatt, *Renaissance Self-Fashioning: From More to Shakespeare* (Chicago, 1980)。針對同一議題，也有人提出稍微不同的見解：Norbert Elias, *The Civilizing Process: The Development of Manners,* tr. E. Jeph-cott (New York, 1977). Michel de Montaigne, *Oeuvres complètes,* ed. Albert Thibaudet and Maurice Rat (Bibliothèque de la Pléiade; Paris, 1962), book 2, ch. 18: "Du démentir."

第十一章　離奇的故事，悲慘的故事

1 *Admiranda historia,* verso of title page. *Histoire Admirable d'un Faux et Supposé Mary,* E iii[v], the privilege to Sertenas for six years, dated January 25, 1560/61. Jean-Pierre Seguin, *L'Information en France avant le périodique. 51 y*

AA103^{v}; ADHG, 3E12004, 56^{r} (references kindly provided by Barbara B. Davis).

6 Marcel Fournier, "Cujas, Corras, Pacius. TRols conduites de professeurs de droit par les villes de Montpellier et Valence au seizième siècle," *Revue des Pyrénées, 2* (1890), 328–334. Jean de Coras, *De Impuberum . . . Commentarii* (Toulouse: Guy Boudeville, 1541); p. 168.（土魯斯市立圖書館收藏的這本書裡面，在一六八頁的頁邊空白處寫了「葛哈斯特有的風格」一詞。他在這本書的題辭中寫道，把書獻給巴黎高等法院的尚・貝童庭長。）一五四二年出版的《論財產之獲取》是獻給孟森卡勒庭長。獻給沙蒂永與洛林兩位樞機主教的書，則是分別於一五四八與一五四九年出版。Coras, *Opera Omnia,* vol. 1, pp. 22, 162, 191, 225.

7 Usilis, "Vita." IADHG, B46, f. 172.

8 ADHG, E916。他們的部分信件收錄於：Charles Pradel, *Lettres de Coras, celles de sa femme, de son fils et de ses amis* (Albi, 1880)；信件內容的研究請參閱：F. Neubert, "Zur problematik französicher Renaissancebriefe," *Bibliothèque d'humanisme et renaissance,* 26 (1964), 28–54. Geches, *Mémoires,* p. 120, n. 2。至少在一五五七年六月，葛哈斯就已經與雅凱特結婚了，因為在這個月他寫了一段情意真摯的獻詞給雅凱特的叔父安端・德・聖保羅，也就是當時法王的上訴法官（完整官銜為"maître des requêtes ordinaires de l'hôtel du roi"），請參閱：Coras, *Opera omnia,* vol. 2, p. 894. Pradel, *Lettres,* p. 13, n. 1; p. 32, n. 1. IADHG, B75, f. 167.

9 *Lettres de Coras,* pp. 10, 12–13, 15, 20–21, 26–28, 35–36. ADHG, Letters of April 10, July 12 and December 8, 1567.

10 Jean de Coras, *In Universam sacerdotiorum materiam . . . paraphrasis* (Paris: Arnaud l'Angelier, 1549), chapter on the Pope. Coras, *Des Mariages clandestinement et irreveremment contractes par les en fans de famille au deceu ou contre le gré, vouloir et consentement de leurs Peres et Meres, petit discours . . . A trêcretien . . . prince Henri deuxieme . . . Roy de France* (Toulouse: Pierre du Puis, 1557), p. 92.

Tertius Maccabaeorum inscribitur, Latin versibus à Graeca oratione expressus, A Gulielmo Sudorio, Caesarum apud Boloniens. Belg. patrono (Paris: Robert II Estienne, 1566), dedication to Michel de L'Hôpital. *Anti-quitez de Boulongne-sur-mer par Guillaume Le Sueur, 1596,* ed. E. Deseille, in *Mémoires de la société académique de l'arrondissement de Boulogne-sur-Mer,* 9, (1878–79), 1–212.

3 *Ioannis Corasii Tolosatis, Iurisconsulti Clarissimi, in Nobilissimum Titulum Pandectarum, De verbor. obligationibus, Scholia* (Lyon: Guillaume Rouillé, 1550). *Loannis Corasii . . . vita: per Antonium Usilium . . . in schola Monspeliensi iuris civilis professorem, edita. 1559,* in Jean de Coras, *De iuris Arte libellus* (Lyon: Antoine Vincent, 1560)。在一封於一五三五年五月二十二日從帕多瓦寄出的信裡面，葛哈斯曾論及自己年少時的學術成就，收信人雅克．德．米努當時是擔任土魯斯高等法院第一庭庭長。這封信的內容，還有那一百個可能的博論題目都收錄在他某本著作的書末：*Miscellaneorum Iuris Civilis, Libri Sex* (Lyon: G. Rouillé, 1552)；也可以參閱 Coras, p. 56. Henri de Mesmes, *Mémoires inédites,* ed. E. Frémy (Paris, n.d.), pp. 139–140, 143；亨利．德曼斯在土魯斯大學就讀時曾受教於葛哈斯。Jacques Gaches, *Mémoires sur les Guerres de Religion à Castres at dans le Languedoc, 1555–1610,* ed. C. Pradel (Paris, 1879), p. 117, n. 1. Jean de Coras, *Opera quae haberi possunt omnia* (Wittenberg, 1603), vol. 2, p. 892。曾在土魯斯大學任教的人文學者尚．德．波松內也曾提過葛哈斯是個非常出色的講者；Gatien Arnoult, "Cinq letters de Boysonné à Jean de Coras," *Revue historique de Tarn,* 3, (1880–1881), 180–185。

4 ADHG, B37 (arrêts civils), July 12, 1544。根據遺囑，葛哈斯法官之母親名為珍，但于西里斯表示是凱薩琳。Jean de Coras, *In Titulum Codicis lustiniani, De Iure Emphyteutico* (Lyon: Guillaume Rouillé, 1550), verso of title page: "Domino Ioanni Corasio patri suo observandissimo, Ioannes Corasius filius S. D.," dated Lyon, September 1549.

5 Coras, *Opera omnia,* vol. 1, pp. 549, 690. Archives Municipales de Toulouse,

Recueil général des anciennes lois, vol. 12, pp. 357–358. A. Carpentier and G. Frerejouan de Saint, *Répertoire general alphabétique du droit français* (Paris, 1901), vol. 22, "Faux." Hélène Michaud, *La Grand Chancellerie et les écritures royales au 16ᵉ siècle* (Paris, 1967), pp. 356–357. AN, X[2a] 119, June 15, 1557; X[2a] 914, June 15, 1557. ADR, BP443, 294[v]-296[r].

11 Coras, pp. 11, 118–123. La Roche-Flavin, *Arrests notables du Parlement de Tolose,* p. 14.

12 Coras, pp. 24, 26–27, 109, 132–134. Imbert, *Practique iudiciaire,* pp. 488–490.

13 ADHG, B, La Tournelle, vol. 72, January 29, 1559/60. Imbert, *Practique iudiciaire,* p. 516. Imbert and Levasseur, *Le Pouvoir,* p. 175.

14 Coras, pp. 135–142.

15 Le Sueur, *Historia,* p. 18; *Histoire,* Div[v]-Ei[r]. Coras, p. 128.

16 Le Sueur, *Historia,* p. 19; *Histoire,* Ei[v]. E. Telle, "Montaigne et le procès Martin Guerre," *Bibliothèque d'humanisme et renaissance,* 37 (1975), 387–419。原則上，只有刑事案件在宣判時才能開放讓一般民眾聆判。如果蒙田獲准在先前任何一場次的審判旁聽，都是違反法庭規定的。

17 Coras, pp. 144–160. Le Sueur, *Historia,* pp. 20–22; *Histoire,* Eii[r-v].

第十章　說書人

1 Coras, p. 78.

2 Le Sueur, *Historia,* title page and p. 22. Louis-Eugène de la Gorgue-Rosny, *Recherches généalogiques sur les comtés de Ponthieu, de Boulogne, de Guines et pays circonvoisins* (Paris, 1874–1877), vol. 3, pp. 1399–1400. ADPC, 9B24, 120[r]-121[v]. A. d'Haultefeuille and L. Bénard, *Histoire de Boulogne-sur-Mer* (Boulogne-sur-Mer, 1866), vol. 1, pp. 314–315, 377. *Dictionnaire historique et archéologique du département du Pas-de-Calais. Arrondissement de Boulogne* (Arras, 1882), vol. 1, pp. 267–269. *Les Bibliothèques françpises de La Croix du Maine et Du Verdier* (Paris, 1772), vol. 1, p. 349. *Liber qui vulgo*

人（途經法國巴斯克人居住的巴約訥），結果信件的措辭「對吾王〔法王〕與我國充滿偏見」（AN, JJ263^{a}, 271^{r}-272^{r}）。至於這位馬丹・德・蓋赫與本案主角馬丹蓋赫是否有關係，或者有何關係，我們就不得而知了。

3 Viala, *Parlement,* p. 409. M. A. Du Bourg, *Histoire du grand-prieuré de Toulouse et des diverses possessions de l'ordre de Saint-Jean de Jérusalem dans le sud-ouest de la France* (Toulouse, 1883), ch. 5.

4 Coras, pp. 88–89. Le Sueur, *Historia,* p. 15; *Histoire,* D ii^{r}.

5 Coras, pp. 89–90, 149. Le Sueur, *Historia,* p. 17; *Histoire,* D iii^{v}-D iv^{r}。其中一個「先前隱匿未提」的問題，是關於馬丹蓋赫的堅振禮在那裡舉行。本來應該是在主教的駐地希厄舉行，或是趁代理主教巡訪阿赫提加時由其主持，但最終卻因故在帕米耶舉行。該地區某些農村同時隸屬於希厄教區（主管民事事務）與帕米耶教區（主管宗教事務），但問題在於阿赫提加並非這類農村。請參閱：C. Barrière-Flavy, "Le Diocèse de Pamiers au seizième siècle, d'après les procès-verbaux de 1551," *Revue des Pyrénées,* 4 (1894), 85–106。也許法官們認為這是一個足以考驗被告的棘手問題，但他還是能說出正確答案。

6 Coras, pp. 97–99. Le Sueur, *Historia,* pp. 15–16; *Histoire,* Dii^{r-v}. Imbert and Levasseur, *Le Pouvoir,* pp. 166–167. B. Schnapper, "Testes inhabiles: Les Témoins reprochables dans l'ancien droit pénal," *Tijdschrift voor Rechtsgeschiedenis,* 33 (1965), 594–604.

7 ADHG, B, La Tournelle, vol. 73, March 2 and 5, 1559/60; vol. 76, September 6, 1560. Le Sueur, *Historia,* p. 16.

8 Coras, pp. 98–107. Le Sueur, *Historia,* pp. 16–17; *Histoire,* Dii^{v}-Diii^{v}.

9 土魯斯高等法院的登記簿裡面記載了這三項罪名：ADHG, B, La Tournelle, 76, September 12, 1560.

10 Schnapper, "La Justice criminelle," table 4; "Les Peines arbitraires du XIIIe au XVIIIe siècle," *Tijdschrift voor Rechtsgeschiedenis,* 42 (1974), 93–100. Soman, "Criminal Jurisprudence," pp. 50–54. Coras, pp. 111–112. Isambert,

5 Le Sueur, *Historia,* pp. n-12; *Histoire,* C ii[r]-C iii[r]. Coras, p. 47. IADHG, B1900, f. 256. ADHG, B, La Tournelle, vol. 74, May 20, 1560. La Roche-Flavin, *Parlemens de France,* p. 250.

6 Coras, p. 39.

7Coras, pp. 48, 51, 73. ADHG, B, La Tournelle, vol. 74, May 20, 1560.

8 例如，一五五九至六〇年之間的一月二十九日、二月一日（B, La Tournelle, vol. 72），還有三月一日（ibid., vol. 73），刑事庭對異端邪說罪被告進行宣判時葛哈斯就不在庭上，儘管在這幾個日子之前或之後的那幾天他都有出庭。

9 Coras, pp. 48–56, 72–74, 76–77. Imbert and Levasseur, *Le Pouvoir,* pp. 163–169.

10 Coras, pp. 34–35, 47, 59. 68–70, 85.

11 Coras, pp. 33–36, 62, 69–70. Le Sueur, *Historia,* p. 14.

12 Coras, pp. 59–60, 71–72, 75–79.

13 Coras, p. 87.

第九章　馬丹蓋赫歸來

1 Le Sueur, *Historia,* p. 4; *Histoire,* A iii[r]。西班牙陸軍在法蘭德斯征戰期間，部隊軍醫展現出相當傑出的醫術，請參閱：Geoffrey Parker, *The Army of Flanders and the Spanish Road, 156–7–1659* (Cambridge, Eng., 1972), p. 168。後來到了十七世紀，有人在比利時地區創立了一家安養院，專門收留因為作戰而導致肢體殘缺的軍人，請參閱：L. P. Wright, "The Military Orders in Sixteenth and Seventeenth-Century Spanish Society," *Past and Present,* 43 (May 1969), 66.

2 Le Sueur, *Historia,* p. 15. Martin Fernandez Navarreta et al., *Colección de Documentos Inéditos para la historia de Espana* (Madrid, 1843), vol. 3, pp. 418–447。我們可不能輕忽當時政府對於叛國行徑所進行的法律制裁：事有湊巧，一五五五年在盧昂就有個叫做馬丹・德・蓋赫的人遭絞刑處死，罪名是他從西班牙幫人帶信件到盧昂給幾位西班牙商

Soman, "Criminal Jurisprudence," table 6 and p. 54, and his forthcoming "Justice criminelle," table 7。有關刑求取供的一般性研究，請參閱：John H. Langbein, *Torture and the Law of Proof: Europe and England in the Ancien Régime* (Chicago, 1977).

14 Coras, pp. 28, 47–48. ADR, BP443, 37r-39r.

15 Coras, p. 47. Imbert, *Practique iudiciaire,* pp. 504–506. ADHG, B, La Tournelle, vol. 74, April 30, 1560.

第八章　在土魯斯的審判

1 關於土魯斯高等法院，請參閱：Viala, *Parlement de Toulouse;* B. Bennassar and B. Tollon, "Le Parlement" in *Histoire de Toulouse,* ed. Philippe Wolff (Toulouse, 1974), pp. 236–245; and Bernard de La Roche-Flavin (long-time judge in the Parlement of Toulouse), *Treize livres des Parlemens de France* (Geneva, 1621). ADHG, B, La Tournelle, vol. 74, April 27 and May 20, 1560。Jean de Coras, *De acqui, possessione Paraphrasis* (Lyon: Michel Parmentier, 1542), A iir; *De Ritu Nuptiarum,* dedication, pp. 205–206, in *De Servitutibus Commentarti* (Lyon: Dominique de Portunariis, 1548); *De verborum obligationibus Scholia* (Lyon: Guillaume Rouillé, 1550), title page.

2 La Roche-Flavin, *Parlemens de France,* pp. 34–35, 54. IADHG, B43, f. 707; B51, f. 2; B32, f. 219; B57, f. 466; B55, f. 415; B57, ff. 70, 73; B56, ff. 556–557, 561; B67, ff. 478–479. Mentzer, "Calvinist Propaganda and the Parlement of Toulouse," pp. 268–283. Joan Davies, "Persecution and Protestantism: Toulouse, 1562–1575," *Historical Journal,* 22 (1979), 49.

3 IADHG, B19, f. 8. Coras, p. 1. Le Sueur, *Historia,* p. 16. La Roche-Flavin, *Parlemens de France,* pp. 753–755. ADHG, B, La Tournelle, vol. 74, April 30, 1560.

4 La Roche-Flavin, *Parlemens de France,* p. 260. Viala, pp. 381–385. ADHG, B, La Tournelle, vol. 72, January 29, 1559/60; vol. 73, March 15, 1559/60; vol. 74, February 1, 1559/60, May 31, August 23, 1560.

6 Coras, pp. 46–47, 50–53, 58–61, 63.

7 Nicole Castan, "La Criminalité familiale dans le ressort du Parlement de Toulouse, 1690–1730," in A. Abbiateci et al., *Crimes et criminalité en France, XVIIe-XVIIIe siècles* (Cahiers des Annales, 33; Paris, 1971), pp. 91–107.

8 Coras, pp. 21, 40, 44. Le Sueur, *Historia,* pp. 12–13; *Histoire,* C iii^{v}-Civ^{r}.

9 Coras, pp. 37, 65–66. Le Sueur, *Historia,* p. 10; *Histoire,* Ci^{v}.

10 Coras, pp. 38–39, 73.

11 *Recueil Général des anciennes lois françaises,* ed. Isambert et al. (Paris, 1822–1833), vol. 12, p. 633: "Ordonnance sur le fait de la justice," August 1539, no. 162. Langbein, p. 236. Soman, "Criminal Jurisprudence," pp. 60–61, and his forthcoming "Justice criminelle."

12 Coras, p. 29.

13 Imbert, p. 478. Coras, p. 54. Jean Imbert and Georges Levasseur, *Le Pouvoir, les juges et les bourreaux* (Paris, 1972), pp. 172–175。一五一〇至六〇年之間，土魯斯高等法院曾經承審過一〇六九件有關異端邪說的案件，有學者發現其中只有二十七間（百分比介於二與三之間）曾對被告進行拷問，請參閱：Raymond A. Mentzer, Jr., "Calvinist Propaganda and the Parlement of Toulouse," *Archive for Reformation History,* 68 (1977), 280。另一位學者的研究則是聚焦在兩年的案例上（一五三五至三六年，還有一五四五至四六年），發現巴黎高等法院只有百分之十六點八的案子會訴諸於拷問被告，請參閱：Bernard Schnapper, "La Justice criminelle," table 5, pp. 263–265)。還有一位學者研究的是異端邪說案件以外，數量規模較大的案例，結果發現一五三九至一五四二年之間，還有一六〇九至一〇年之間，前者有百分之二十點四的上訴者遭刑求取供，後者則是有百分之五點二的上訴者。如果是詐欺、做偽證、仿冒等刑案，一五三九至一五四二年之間會遭刑求取供的比率高於其他時期的平均，但一六〇九至一〇年之間的百分比則是零。一五三九至一五四二年之間的一二五個刑求取供案例中，有七十個案力的結果是顯現在紀錄上的：最後有六個人招認，請參閱：Alfred

17 Coras, p. 19; Jean Benedicti, *La Somme des Péchez* (Paris, 1595), pp. 151–152.

18 Coras, pp. 69–70, 1, 28.

第七章　在希厄的審判

1 ADHG, 3E15289, 46ʳ-47ʳ. ADAr, 5E6653, 96ʳ-98ʳ; 5E6655, 29ʳ, 79ʳ.

2 André Viala, *Le Parlement de Toulouse et l'administration royale laïque, 1420–1525 environ* (Albi, 1953), vol. 1, p. 143. IADHG, BI, f. 37; B. 47, f. 805; B58, f. 638; B66, ff. 290, 294; Lastrade, *Les Huguenots,* p. 1.

3 Coras, pp. 28–29, 85; Imbert, *Practique iudiciaire,* pp. 420–421.

4 關於十六世紀法國的刑事訴訟程序，請參閱這本根據某位刑案偵緝人員的經驗而撰寫的書：Imbert, *Practique iudiciaire*；這本的作者則是巴黎高等法院院長：Pierre Lizet, *Brieve et succincte manière de proceder tant à l'institution et decision des causes criminelles que civiles et forme d'informer en icelles* (Paris: Vincent Sertenas, 1555)；可供參考的還有下列著作：A. Esmein, *Histoire de la procédure criminelle en France* (Paris, 1882); Bernard Schnapper, "La Justice criminelle rendue par le Parlement de Paris sous le règne de François Ier," *Revue historique du droit français et étranger,* 152 (1974), 252–284; John H. Langbein, *Prosecuting Crime in the Renaissance* (Cambridge, Mass., 1974); Soman, "Criminal Jurisprudence in Ancien-Régime France: The Parlement of Paris in the Sixteenth and Seventeenth Centuries," in *Crime and Criminal Justice in Europe and Canada,* ed. Louis A. Knafla (Waterloo, Ontario, 1981), pp. 43–74。前述那一篇由阿佛列．索曼寫的文章非常精彩，經過修改與大幅擴充後，變成以下這篇文章："La Justice criminelle au XVIᵉ-XVIIᵉ siècles: Le Parlement de Paris et les sièges subalternes," in *Actes du 107 Congrès national des Sociétés Savantes (Brest, 1982). Section de Philologie et d'Histoire jusqu'à 1610*。

5 Coras, pp. 38–46. Imbert, pp. 439–474; Lizet, 2ᵛ-26ᵛ. Yves Castan, *Honnêteté et relations sociales en Languedoc, 1715–1780* (Paris, 1974). PP. 94–96.

負責偵辦此樁縱火案的是尚・侯雄。有鑑於侯雄曾在巴黎當過法官以及製幣廠官員，他不太可能會屈服於尚・戴斯寇納博夫這種地位低微的鄉下地方貴族（IADHG, B1905, f. 125）。

11 我會這麼詮釋貝彤黛當時的處境，是因為在一五五九年到六〇年的一月之間冒牌馬丹宣稱貝彤黛當時「在前述那位皮耶的掌控中，寄住於他家」(Coras, pp. 37, 45, 67)。相關資料所述及的蓋赫家房舍有兩間：「馬丹蓋赫的房舍」(ADHG, B76, La Tournelle, September 12, 1560; Coras, p. 129; Le Sueur, *Historia,* p. 19）以及「皮耶・蓋赫的房舍」（ADAr, 5E6653, 96r-98r)。我一直都認為這是兩間不同的房舍，只不過地理位置相近（請參閱一五九四年與一六五一年的蓋赫家土地清冊：ADHG, Insinuations, vol. 6, 95v-97v；ACArt, *terrier*)，而且根據巴斯克人根深蒂固的習俗，只有在夫妻倆之中有任何一位是繼承人的時候，不同的夫妻檔才會住在同一個屋簷下。所以，馬丹蓋赫與貝彤黛才會跟馬丹之父老桑克西住在一起；皮耶・蓋赫才會跟某個女兒（他所選定的女繼承人）與女婿住在一起，而尚未出嫁的女兒也會住在他家。因為冒牌馬丹繼承了老桑克西生前那間房舍，所以他當然就與貝彤黛住在那裡。不過，的確也有可能此時蓋赫家已經不再遵循巴斯克人的傳統，所以從一五五六到一五五九年，冒牌馬丹與皮耶・蓋赫都是住在同一個屋簷下。如果是這樣，那麼我們不難想像雙方爭訟不休的當下家裡的氣氛有多糟糕。

12 Le Sueur, *Historia,* p. 8; *Histoire,* B iiir-v. Coras, pp. 68, 86.

13 Coras, pp. 53–54.

14 Coras, pp. 69–70. ADAr, 5E6653, ff. 96r-97r. Jean Imbert, *Institutions Forenses, ou practique iudiciaire . . . par M. Ian Imbert Lieutenant criminel du siege royal de Fontenai Lecomte* (Poitiers: Enguilbert de Marnef, 1563), p. 439.

15 Coras, pp. 68–69.

16 關於說謊這件事，請參閱：special issue of *Daedalus* entitled “Hypocrisy, Illusion and Evasion” (Summer 1979) and “Special Issue on Lying and Deception,” *Berkshire Review,* 15 (1980).

150–152.

3 Le Sueur, *Historia,* p. 7; *Histoire,* B iii^r. Coras, pp. 22–23.

4 Coras, pp. 33–34. "Coutumes . . . observées au Pays de Labourd," pp. 467–468. ADAr, 5E6653, 3^{r-v}, 112^{r-v}; 5E6656, 11^r.

5 Coras, pp. 12, 47, 53. De Lancre, *Tableau de l'inconstance,* p. 41.

6 Coras, pp. 53, 62, 66–67。關於貝彤黛的這位兄弟，根據訴訟定讞後來自阿赫提加村的文件指出，他名為佩・荷爾（別名柯隆貝），是安德荷・荷爾的遺產繼承人，母親叫做巴特樂蜜・荷爾。至於另一位姓荷爾的人士，名字以A開頭（因為那一頁剩餘的部分遭撕毀而無法得知確切名字），則是皮耶・蓋赫的隨從（ADAr, 5E6653, 95^r-98^r）。也有可能前述的「女婿」裡面有一位其實就是佩・荷爾，也就是我們現代所謂的「繼子」。（理由在於，葛哈斯法官在行文中交替使用*gendre*與*beau-fils*這兩個詞，但前者固然是指女婿，後者卻同時包含女婿與繼子的意思。）如果是這樣，那麼貝彤黛的兄弟照理說就會站在母親與繼父這邊，與她和冒牌馬丹作對。不過，也有可能只是貝彤黛的這位兄弟在一五五九年至六〇年之間出門在外，並未待在阿赫提加村。

7 Le Sueur, *Historia,* p. 7. Coras, pp. 46, 53, 61–62. Le Roy Ladurie, *Montaillou, village occitan,* ch. 3。從種種跡象看來，邦蓋勒家與波厄熙家之間的確有密切的來往（ADAr, 5E6653, 95^v-96^r, 186^{r-v}）。至於洛茲家與邦蓋勒家之間的來往，從既有的史料看來，就不是那麼頻繁了。只不過，根據一筆資料顯示，某次在尚・邦蓋勒要租馬時，詹姆・洛茲的生意夥伴詹姆・德律赫曾經幫他當見證人（ADAr, 5E6653, 200^{r-v}）。

8 Coras, p. 54. Le Sueur, *Historia,* p. 8.

9 Coras, p. 21.

10 Le Sueur, *Historia,* p. 8; Coras, p. 68. ADAr, 5E6860, 12^r-13^v; 5E6837, 188^v-189^v.

ADHG, 2G143, 1550; B37 (arrêts civils), 68^r。在土魯斯欽差大臣官署中

et Diocèse de Pamies (Toulouse, 1644), chs. 12-16. Jean Crespin, *Histoire des Martyrs persecutez et mis à mort pour la Verité de l'Evangile* (Toulouse, 1885-1889), vol. 1, p. 457, vol. 3, pp. 646-649. J. Lesrrade, *Les Huguenots dans le diocèse de Rieux* (Paris, 1904), pp. 4, 10, 29-30. J. M. Vidal, *Schisme et hérésie au diocèse de Pamiers, 1467-1626* (Paris, 1931), pp. 147-169. Raymond Mentzer, "Heresy Proceedings in Languedoc, 1500-1560" (Ph.D. thesis, University of Wisconsin, 1973), ch. 12. Labrousse, Pierre Bayle, pp. 6-8. Alice Wemyss, *Les Protestants du Mas-d'Azil* (Toulouse, 1961), pp. 17-25. Paul-F. Geisendorf, *Livres des habitants de Genève, 1549-1560* (Geneva, 1957-1963), vol. 1, pp. 9, 13. ADAr, 5E6654, 5^{r}, 16^{v}, 29^{r}. ADHG, 2G108, 127^{r}-130^{v}; B422 (arrêts civils), October 22, 1620.

9 ADHG, B33 (arrêts civils), 156^{v}-157^{r}; B38 (arrêts civils), 60^{r}-61^{r}; B47 (arrêts civils), 487^{r}; ADAr, 5E6655, 14^{r}-16^{r}.

10 ACArt, Terrier of 1651, 137^{r}-139^{v}. "Memoire des personnes decedees en la ville du Carla en Foix ou en sa Jurisdiction commance le vingt et deusiesme octobre 1642," 10^{r}, 12^{v}, 13^{r}, 13^{v} (records kept by Jean Bayle, pastor of the Reformed Church of Le Carla from 1637 to 1685; photocopy in the possession of Elisabeth Labrousse).

11 Couarraze, Lombez, p. 122. ADHG, B, La Tournelle, vol. 74, May 20, 1560.

12 Le Sueur, *Historia*, pp. 16, 21-22. Coras, p. 160.

13 "Projet d'ordonnance sur les mariages, 10 novembre 1545," in Jean Calvin, *Opera quae supersun tomnia*, ed. G. Baum, E. Cunitz, and E. Reuss (Brunswick, 1863-1880), vol. 38, pp. 41-44.

第六章　爭訟

1 Coras, p. 61. ADHG, B, La Tournelle, vol. 74, May 20, 1560.

2 Le Roy Ladurie, *Les Paysans de Languedoc,* vol. 1, pp. 302–309. ADAr, 5E6655, 8^{r-v}, 98^{r}; 5E6656, 12^{r}, 26^{v}, 29^{r}, 58^{r}; 5E6653, 79^{r}, 200^{r-v}. ADHG, 2G143, 2G134, Arrentements des benefices du diocèse de Rieux. Coras, pp.

Philippe son fits, Roy d'Espaigne (1574), books 4-5 in *Nouvelle Collection des Mémoires pour servir à l'histoire de France,* ed. Michaud and Poujoulat (Paris, 1838), vol. 7.

12 Coras, pp. 145-147; Le Sueur, *Historia*, p. 22.

13 ADGe, 3E1569, December 19, 1551.

14 Bibliothèque Nationale, Département des Estampes, *Inventaire du fonds francctis. Graveurs du seizième siècle*, vol. 2, L-W by Jean Adhémar, p. 273: "L'Histoire des Trois Frères." ADR, BP443, 37^{r}-39^{v}, 294^{v}-296^{r}.

第五章　虛構的婚姻

1 Le Sueur, *Historia*, pp. 5-7; *Histoire*, Bi^{v}-Bii^{v}. Coras, p. 63.

2 Mark Snyder and Seymour Uranowitz, "Reconstructing the Past: Some Cognitive Consequences of Person Perception," *Journal of Personality and Social Psychology*, 36 (1978), 941-950. Mark Snyder and Nancy Cantor, "Testing Hypotheses about Other People: The Use of Historical Knowledge," *Journal of Experimental Psychology*, 15 (1979), 330-342.

3 Etienne Pasquier, *Les Recherches de la France* (Paris: L. Sonnius, 1621), pp. 571-572.

4 Coras, p. 25; Le Sueur, *Historia*, p. 7.

5 Coras, pp. 68, 34, 65-66. Le Sueur, *Histoire*, Ci^{v}, Ciii^{r}.

6 Coras, p. 149. Le Roy Ladurie, *Montaillou, village occitan*, p. 275, n. 1.

7 Sheehan, "The Formation and Stability of Marriage," pp. 228-263. J. M. Turlan, "Recherches sur le mariage dans la pratique coutumiére (XIIe-XVIe s.)," *Revue historique de droit francais et étranger*, 35 (1957), 503-516. Beatrice Gottleib, "The Meaning of Clandestine Marriage," in Robert Wheaton and Tamara K. Hareven, eds., *Family and Sexuality in French History* (Philadelphia, 1980), pp. 49-83.

8 Jean-Jacques de Lescazes, *Le Memorial historique, contenant la narration des troubles et ce qui est arrive diversement de plus remarquable dans le Païs de Foix*

le monde . . . Auteur en partie Munster . . . augmentée . . . par François de Belleforest Comingeois (Paris: Michel Sonnius, 1575), PP- 368-372.

2 ADHG, B78 (arrêts civils), 3^r-4^r; IADHG, BB58, ff. 220, 214. Charles Higounet, *Le Comté de Comminges de ses origines à son annexion à la couronne* (Toulouse, 1949), vol. 1, pp. 277, 292. ADGe, 3E1570, July 10, 1557; 3E1569, July 27, 1552.

3 Higounet, pp. 512ff; Wolff, *Commerces et marchands de Toulouse*, carte 12. ADGe, 3E1569, December 19, 1551; 3E1570, April 7 and July 4, 1557. ADHG, 4E2016, 4E1568, 2E2403. Georges Couarraze, *Au pays du Savés: Lombez évêché rural, 1317-1801* (Lombez, 1973).

4 ADGe, G332, 47r-48r; 3E1570, April 21, 1557. Coras, pp. 97, 151.

5 Coras, pp. 52, 54. ADGe, G332, $47bis^{r-v}$.

6 Coras, pp. 56-57, 77, 97. Leah Otis, "Une Contribution à l'étude du blasphème au bas Moyen Age," in *Diritto comune e diritti locali nella storia dell' Europa. Atti del Convegno di Varenna, 12-15 giugno 1979* (Milan, 1980), pp. 213-223. IADHG, B1900, f. 118, B1901, f. 143 (royal ordinances on blasphemy of 1493, 1523).

7 Raymond de Beccarie de Pavie, Sieur de Fourquevaux, *The Instructions sur le Faict de la Guerre*, ed. G. Dickinson (London, 1954), pp. xxix-xxxii. ADGe, 3E1571, April 16, 1558, and passim. Coras, PP. 53, 57, 144. Yves-Marie Bercé, "Les Gascons a Paris aux XVIe et XVIIe siècles," *Bulletin de la société de l'histoire de Paris et de l'Ile-de-France*, 106 (1979), 23-29.

8 Coras, pp. 8-11, 38-39, 144.

9 *Le Grand Calendrier et compost des Bergers avec leur astrologie* (Troyes: Jean Lecoq, 154 {1}), Mi^r-$Miii^r$.

10 Coras, p. 53.

11 Le Sueur, *Historia*, p. 13; *Histoire*, C iv^v. Coras, pp. 144-146. François de Rabutin, *Commentaires des dernieres guerres en la Gaule Belgique, entre Henry second du nom, très-chrestien Roy de France et Charles Cinquiesme, Empereur, et*

^{v}, 106^{v}-107^{r}, 137^{v}-138^{r}; 5E6656, 58^{r}; E182, 26^{r}. ADHG, 3E15280, January 14, 1547/48. Jacques Beauroy, *Vin et société a Bergerac du Moyen Age aux temps modernes* (Stanford French and Italian Studies, 4; Saratoga, Calif., 1976), p. 125.

6 Cayla, *Dictionnaire*, pp. 54-58, 236. ADA^{r}, 5E6219, July 31, 1540; 5E6653, 3^{r-v},54^{v}, 5E6655, 117^{v}. ADHG, 3E15280, January 31, 1547/48; 3E15983, 126^{r}-127^{v}, 322^{r}-334^{v}.

7 ADAr, 5E6846, 34^{v}-36^{v}; ADHG, B50 (arrêts civils), 678^{v}-679^{v}. Le Roy Ladurie, *Montaillou, village occitan*, pp. 286-287. ADAr, 5E6837, 236^{r}-237^{r}; 5E6655, 110^{v}-111^{v}; 5E6847, September 23, 1562. Pasquier, "Coutumes du Fossat," pp. 298-299; Cayla, p. 63.

8 De Lancre, *Tableau de l'inconstance*, pp. 42-44。關於後世對拉布赫地區女性的描寫，請參閱：G. Olphe-Galliard, *Un Nouveau type particulariste ébauché. Le Paysan basque de Labourd à travers les âges* (La Science Sociale suivant la methode d'observation, 20; Paris, 1905), pp. 437-441.

9 Le Sueur, *Historia*, p. 9. ADAr, 5E6223, July 5, 1542; 5E6224, January 6, 1547/48。到了一五五〇年代晚期，馬丹蓋赫本應繼承的遺產加上桑克西的物產在他死後八年所累積的收入，估計有七千至八千里弗（Coras, p. 29）。

10 Coras, pp. 5-7, 25; Jean de Coras, *Opera omnia* (Wittenberg, 1603), vol. 1, pp. 730-731. Jean Dauvillicr, *Le Manage dans le droit classique de l'Eglise* (Paris, 1933), pp. 304-307. Bernard de La Roche-Flavin, *Arrests Notables du Parlernent de Tolose* (Lyon, 1619), pp. 601-602.

11 Coras, p. 46.

12 ADHG, B38 (arrêts civils), 6o^{v}-61^{r}; B47 (arrêts civils), 487^{r}; 2G241.

13 Coras, pp. 1, 5, 7.

第四章　多面人居提勒

1 Coras, pp. 8, 151. François de Belleforest, *La Cosmographie universelle de tout*

des Pyrenees, 7 (1895), 379-380; Xavier Ravier, "Le Charivari en Languedoc occidental," in Le Goff and Schmitt, eds., *Le Charivari*, pp. 411- 428.

5 Le Sueur, *Historia*, p. 12. Coras, pp. 40, 44.

6 Le Sueur, *Historia*, p. 17. Coras, pp. 145-146.

7 Le Roy Ladurie, *Montaillou*, ch. 7.

8 ADAr, 5E6220（封面上有幾張怪誕的士兵圖畫）; 5E6653, I^{v}, 95^{v}-96^{r}; 5E6656, n^{r}, $5o^{r}$; 5E6847, December 12, 1562; 5E6860, 110^{v}-111^{v}. Roger Doucet, *Les Institutions de la France au XVIe siècle* (Paris, 1948), pp. 632-641. Veyrin, Les Basques, p. 138. J. Nadal and E. Giralt, *La Population catalane de 1553 a 1717: L'Immigration franchise* (Paris, 1960), pp. 67-74, 315.

9 Coras, p. 5. Le Sueur, Historia, p. 4. De Lancre, p. 41.

10 ADPyA, 1J160, no. 4, March 5, 1554/55. April 1, 1555. Coras, p. 137.

11 Paul Jacob Hiltpold, "Burgos in the Reign of Philip II: The Ayuntamiento, Economic Crisis and Social Control, 1550-1660" (Ph.D. thesis, University of Texas at Austin, 1981), ch. 2. Henrique Florez, *Espana Sagrada* (Madrid, 1771), vol. 26, pp. 427-432. Nicolas Lopez Martinez, "El Cardenal Mendoza y la Reforma Tridentina en Burgos," *Hispania Sacra*, 16 (1963), 61-121.

12 Le Sueur, *Historia*, p. 4. Coras, p. 137. E. Lemaire, Henri Courteault et al., *La Guerre de 1557 en Picardie* (Saint-Quentin, 1896), vol. 1, pp. ccxxi-ccxxv, vol. 2, pp. 48, 295.

第三章　矜持的貝彤黛

1 ADAr, 5E6653, 95^{v}-98^{r}; 5E6655, 110^{v}-111^{v}.

2 ADHG, 2G108, 127^{r}. Doublet, "Un Diocese pyreneen," pp. 369-371. Coras, p. 44. Henry Institoris and Jacques Sprenger, *Malleus maleficarum*, tr. Montague Summers (London, 1948), p. 55, part I, question 8.

3 Coras, pp. 40-41.

4 ADAr, 5E6654, 29^{r}; 5E6655, 79^{v}; 5E6838, 104^{v}.

5 ADAr, 5E5335, 92^{r-v}, 135^{r}, 282^{v}-283^{v}; 5E6653, 6^{r}; 5E6654, 29^{r}; 5E6655, 6^{r-}

20 十七份婚約與兩份嫁妝清單，出處是：ADAr, 5E5335, 6220, 6653, 6656, 6837, 6838, 8169; ADHG, 3E15280, 15983。上述嫁妝中，金額最高的是五十埃居（一埃居相當於一百五十里弗），獲贈者是勒馬斯達濟勒的一位鞋匠。與此形成強烈對比的是給兒子們的慷慨餽贈，例如本世紀後期勒佛薩鎮的鄉村商人尚・卡薩茲就是這樣：一五八五年，卡薩茲在兒子結婚當天贈與他兩筆不動產、房舍一間與傢俱若干，並承諾要送給他兩千埃居現金（ADHG, B, Insinuations, vol. 1, 563v-565r）。Cayla, pp. 236-237. ADHG, B, Insinuations, vol. 6, 95v-97v.

21 ADHG, 2G108, p. 263. Coras, p. 61. A. Moulis, "Les Fianc, ailles et le mariage dans les Pyrenees centrales et specialement dans l'Ariege," *Bulletin annuel de la societe ariegoise des sciences, lettres et arts*, 22 (1966), 74-80.

第二章　苦悶青年馬丹蓋赫

1 Coras, p. 40.

2 ADAr, 5E6654, 37'。我查閱了一五六一年以前在勒馬斯 - 達濟勒鎮到列茲河谷地區之間簽訂的大量合約，只找到一個叫做馬丹的人，他曾跟聖馬丹鐸德的領主租地耕作。（ADAr, E182, Reconnaissance of 1549, 50'）相較之下，昂代村那一帶就有很多人叫做馬丹、馬蒂桑茲，還有馬蒂柯（ADPyA, 1J160, no. 4, January 14, 1550/51, March 5, r 5,54/55; no. 45, August 18, 1598）。"Proverbes franqoys," in *Thresor tie la langue francoyse*, p. 23; "L'Ours 'Martin' d'Ariege," *Bulletin annuel de la societe ariegoise des sciences, lettres et arts*, 22 (1966), 137-139, 170-172.

3 Coras, pp. 2-4, 40-43, 53, 76. ADHG, B, La Tournelle, vol. 74, May 20, 1560. Hierosme de Monteux, *Commentaire de la conservation de la sante* (Lyon, 1559), pp. 202-203. De Lancre, *Tableau de l'incon-stance*, pp. 38, 41, 47; Soulet, *Vie quotidienne*, pp. 228-232, 279. A. Esmein, *Le Mariage en droit canonique* (Paris, 1891), pp. 239-247.

4 G. Doublet, "Un Diocese pyreneen sous Louis XIV: La Vie populaire dans la vallee de l'Ariege sous l'episcopat de F.-E. de Caulet (1645-1680)," *Revue*

January 14, 1550/51, no. 3, June 12, 1559. F. Pasquier, Donation du fief de Pailhes en 1258 et documents concernant les seigneurs de cette baronnie au XVf siecle (Foix, 1890). ADAr, 2G203, no. 8.

14 Pierre Bee, *Les Interferences linguistiques entre Gascon et Languedocien dans lesparlers du Comminges et du Couserans* (Paris, 1968), pp. 74- 75. Pasquier, Pailhes, p. 3. *Leon Dutil, La Haute-Garonne et sa region* (Toulouse, 1928), ch. 14. ADHG, 2G108, pp. 26iff. J. Decap, *Le Diocese de Rieux avant la Revolution* (Foix, 1898)。希厄的主教教區設於一三一八年，後來在法國大革命期間遭撤除。

15 Le Sueur, *Historia*, p. 3; *Histoire*, A ii^{r}. Coras, p. 150. ADHG, B, Insinuations, vol. 6, 95^{v}-97^{v}. ACArt, Terrier of 1651, 34^{r}-4i^{r}, 209', 290', 3io^{r}.

16 Veyrin, pp. 43, 263. De Lancre, pp. 42-44. ADPyA, 1J160, no. 45, August 18, 1598; no. 46, January 14, 1620.

17 Coras, pp. 55-56. G. Brunet, *Poesies basques de Bernard Deche-pare . . . d'apres l'edition de Bordeaux*, 1545 (Bordeaux, 1847). ADGi, 1B10, 2i^{v}-22^{r}（法王對于敘涅〔Urrugne〕與昂代兩個教區所下達的法文諭旨）; Dravasa, p. 125; ADPyA, 1J160, no. 3（領主烏特比家族於一四九三年以及一五五九年寫下的兩份遺囑，分別為加斯柯尼文與法文）; 無論是昂代或于敘涅都沒有其他家族留下書面遺囑。ADAr, 5E6223（於一五二八年用法文寫下的契約）; 5E8169（於一五四一年三月十二日用奧克文寫下的婚約）。ADAr, 5E6653, 96^{r}-i02^{v}. ADHG, 2G207（一直要到一六八七年七月二日才有第一位學校教師獲派前往阿赫提加村）。

18 ADAr, 5E6223, December 10, 1528; 5E6653, 95"; 5E6654, 24"; 5E6655, 29^{r}; 5E8169, March 12, 1541/42. ACArt, Registre des Manages de la Paroisse d'Artigat, 1632-1649. ADHG, 3E15983, I26^{r}-i27^{r}。希厄主教教區東北方幾英里處沃德赫伊村（Vaudreuille）領主家裡甚至有個名叫皮耶・德・蓋赫的家僕，他的綽號就是叫做「巴斯克佬」。（AN, JJ262, 245^{v}-247^{v}）。

19 Le Sueur, Historia, p. 3; Histoire, A ii^{v}.

Mediaeval Studies, 2; Toronto: Pontifical Institute of Mediaeval Studies, 1981), pp. 141–190.

6 請參閱：Jean Froissart, *Chroniques*, ed. Léon Mirot (Paris, 1931), vol. 12, pp. 21–24, book 3, par., 6. ADHG, C1925; 3E15289, 328". ADAr, G271; $30J^2$, Reconnaissance of 1679; 5E6653, $i88^r$-$i89^r$, 200"; 5E6655, 14^r-16^r.

7 請參閱：ADAr, 5E6653, 9^v, 96^r-97^r , 101^v-102^v, 142^{r-v}, 200^{r-v}; 5E6655, 1^v-2^v, 8^{r-v}, 32^{r-v}, 98^r; 5E6656, 12^r; 5E6847, December 17, 1562。關於奧克語中稱為*gasailhe*的合約與這個地區的其他風俗慣例，請參閱：Paul Cayla, *Dictionnaire des institutions, des coutumes, et de la langue enusage dans quelques pays de Languedoc de 1535 à 1648* (Montpellier, 1964)。關於勒卡赫拉與其周遭地區，請參閱：Elisabeth Labrousse, *Pierre Bayle* (The Hague, 1963), ch. 1。

8 我參閱了十九份遺囑，其編號與訂立日期分別是：ADAr, 5E5335, 6219, 6220, 6221, 6223, 6224, 6653, 6655, 6859, 6860; ADHG, 3E15280, 15983. ADAr, 5E6860, IIO V-III V; ACArt, Terrier of 1651. ADAr, 5E6220, October 8, 1542; 5E8169, March 12, 1541/42。

9 ADAr, 5E6223, December 10, 1528; 5E6653, 95^v-96r; 5E6860, 12-13, 74-76.

10 ADAr, 5E6653, 95^v-97^r, $20i^v$-202^r; 5E6846, 34^v-36^v; 30J2, reconnaissance of 1679; ADHG, B50 (arrets civils), 678^v -679^v; B, Insinuations, vol. 6, 96^v.

11 ADAr, 5E6653, i^{r}-^{v}, 96^v-97^r; 5E6655, 29", 35', $i58^v$; 5E6656, 12r, 26^v; 5E6837, $I26^r$-$i27^v$; 5E6846, 34^36"; ADHG, 2G134, 2G143; 2G108, p. 263.

12 ADAr, 30J , Inventaire pour les consuls . . . d'Artigat, 1639; Reconnaissance of 1679; ADHG, 2G203, no. 1; C1925. ADAr, 5E6860, $i2^r$-$i3^v$. ADHG, 2G108, 127", $I5i^r$-$i52^r$. F. Pasquier, "Cou-tumes du Fossat dans le Comte de Foix d'apres une charte de 1274," Annates du Midi, 9 (1897), 257- 322; ADAr, 5E6654.

13 "Coutumes . . . observees au Pays de Labourd," p. 482. ADPyA, 1J160, no. 4,

Basque. Actes du XXIe Congrès d'études régionales tenu à Bayonne, les 4 et 3 mai 1908(Bayonne, 1971), pp. 67–79. Jean-François Soulet, *La Vie quotidienne dans les Pyrénées sous l'Ancien Régime* (Paris, 1974), pp. 220– 225. William A. Douglass, *Echalar and Murélaga* (London, 1975), ch. 3.

2 請參閱：Philippe Veyrin, *Les Basques de Labourd, de Soule et de Basse-Navarre* (Bayonne, 1947), pp. 39ff. L. Dassance, "Propriétés collectives et biens communaux dans l'ancien pays de Labourd," Gure Herria, 29 (1957), 129–138. Davydd J. Greenwood, *Unrewarding Wealth. The Commercialization and Collapse of Agriculture in a Spanish Basque Town* (Cambridge, Eng., 1976), ch. 1. Paul Courteault, "De Hendaye à Bayonne en 1528," Gure Herria, 3 (1923), 273–277。有關農村昂代在一五九八年以前的人口增長，請參閱：ADPyA, 1J160, no. 46, April 3, 1598. De Lancre, pp. 45–46.

3 請參閱：E. Dravasa, "Les privilèges des Basques du Labourd sous I'Ancien Régime" (thesis for the doctorate, University of Bordeaux, Faculty of Law, 1950), pp. 28–29. ADGi, IB10, 21^{v}-22^{r}. ADPyA, 1J160, no. 45, May 19, 1552. De Lancre, pp. 33–34, 42.

4 請參閱："Coutumes générales gardées et observées au Pays de Labourd," in P. Haristoy, *Recherches historiques sur le Pays Basque* (Bayonne and Paris, 1884), vol. 2, pp. 458– 461；拉布赫的規約是在一五一三年明文化的：Jacques Poumarede, *Recherches sur les successions dans le sud-ouest de la France au Moyen Age* (thesis for the doctorate, University of Toulouse, 1968), pp. 315–320.

5 關於這整個地區的概況，請參閱：Léon Dutil, *L'Etat économique du Languedoc à la fin de l'Ancien Régime* (Paris, 1911); Philippe Wolff, *Commerces et marchands de Toulouse, vers 1350-vers 1450* (Paris, 1954); Michel Chevalier, *La Vie humaine dans les Pyrénées ariégeoises* (Paris, 1956); Gilles Caster, *Le Commerce du pastel et de l'épicerie à Toulouse, 1450–1561* (Toulouse, 1962); E. Le Roy Ladurie, *Les Paysans de Languedoc* (Paris, 1966); Soulet, *Vie quotidienne*; and John Mundy, "Village, Town and City in the Region of Toulouse," in J. A. Raftis, ed., *Pathways to Medieval Peasants* (Papers in

5 Emmanuel Le Roy Ladurie, *Montaillou, village occitan de 1294 à 1324* (Paris, 1975); English translation, *Montaillou: The Promised Land of Error*, by Barbara Bray (New York, 1978). Carlo Ginzburg, *Il Formaggio e i vermi: Il Cosmo di un mugnaio del '500* (Turin, 1976); English translation, *The Cheese and the Worms: The Cosmos of a Sixteenth-Century Miller*, by John and Anne Tedeschi (Baltimore, 1980). Michael M. Sheehan, "The Formation and Stability of Marriage in Fourteenth-Century England," *Mediaeval Studies*, 32 (1971), 228–263, Jean-Louis Flandrin, *Le Sexe et l'Occident* (Paris, 1981), ch. 4.

6 AN, JJ248, 80[r-v]. Alfred Soman, "Deviance and Criminal Justice in Western Europe, 1300–1800: An Essay in Structure," *Criminal Justice History: An International Annual*, 1 (1980), 1–28.

7 Coras, pp. 146–147。關於《令人難忘的審判》一書的各個版本，請參閱本書的參考書目。

8 據勒蘇厄赫所言，蓋赫家族在阿赫提加村開了一間造磚廠 (*Historia*, p. 3)；這間造磚廠可見於一五九四年的家族財產清單中 (ADHG, B, Insinuations, vol. 6, 96[v])。勒蘇厄赫表示，馬丹之妻貝彤黛與他叔叔皮耶・蓋赫在最後判決以前曾經入獄 (p. 11)；鎖拿並囚禁他們的命令是由土魯斯高等法院簽發 (ADHG, B, La Tournelle, vol. 74, May 20, 1560; vol. 76, September 12, 1560)。

第一章　從昂代到阿赫提加

1 請參閱：Pierre de Lancre, *Tableau de l'inconstance des mauvais anges et demons* (Bordeaux, 1612), pp. 32–38, 44–45. ADPyA, 1J160, no. 45, March 9, 1609, for the "S[r] de la maison" in Hendaye and nearby Urrugne. James A. Tuck and Robert Grenier, "A 16th-Century Basque Whaling Station in Labrador," *Scientific American*, 245 (November 1981), 125–136; William A. Douglass and Jon Bilbao, *Amerikanuak: Basques in the New World* (Reno, 1975), pp. 51–59. Jean-Pierre Poussou, "Recherches sur l'immigration bayonnaise et basque à Bordeaux au XVIIIe siècle," *De l'Adour au Pays*

註釋

開場

1 Jean Gilles de Noyers, *Proverbia Gallicana* (Lyon: Jacques Mareschal, 1519–20), C ii; "Ioannis Aegidii Nuceriensis Adagiorum Gallis vulgarium ··· traductio," in *Thresor de la v langue francoyse* (Paris, 1606), pp. 2, 6, 19; James Howell, "Some Choice Proverbs. . . in the French Toung,"in *Lexicon Tetraglotton* (London, 1660), p. 2.

2 相關研究請參閱：Jean-Louis Flandrin, *Les Amours pay-sans, XVV-XIXe siecles* (Paris, 1970); *Families: Parente, maison, sexualite dans I'ancienne societe* (Paris, 1976)^; M. Goucsse, "Parente, famille et mariage en Normandie aux XVIT et XVIIT siecles," *Annates: Economies, Societes, Civilisations*, 27 (1972), 1139-54; Andre Bur-guiere, "Le Rituel du mariage en France: Pratiques ecclesias-tiques et pratiques populaires (XVf-XVTIf siecles)," ibid., 33 (1978), pp. 637-649; Alain Croix, *La Bretagne aux i6e et if siecles: La Vie, la mort, la foi* (2 vols., Paris, 1981); Jacques Le Goff and Jean-Claude Schmitt, eds., *Le Charivari: Actes de la table ronde organised a Paris* (25-2-1 avril 1977) par I'Ecole des Hautes Etudes en Sciences Sociales et le Centre National de la Recherche Scientifique (Paris, 1981).

3 Thomas Platter, *Autobiographic*, tr. Marie Helmer (Cahier des Annales, 22; Paris, 1964), p. 51.

4 Jacques Peletier, *L'Art poetique de Jacques Peletier du Mans (1555J*, ed. J. Boulanger (Paris, 1930), pp. 186-189; Coras, pp. 146-147. *Les Cent Nouvelles Nouvelles*, ed. Thomas "Wright (Paris, 1858), conte 35. Noel du Fail, *Les Propos Rustiques: Texte original de 1547*, ed. Arthur de la Borderie (Paris, 1878; Geneva: Slatkine Reprints, 1970), pp. 43-44.

Beyond

77

世界的啟迪

真假丈夫

馬丹蓋赫返鄉記（四十週年經典回歸版）

The Return of Martin Guerre

作者	娜塔莉・戴維斯（Natalie Zemon Davis）
譯者	陳榮彬
責任編輯	洪仕翰
文字校對	李鳳珠
行銷企劃	張偉豪
封面設計	賴佳韋
封面插畫	Dofa
總編輯	洪仕翰
排版	宸遠彩藝

出版	衛城出版 / 左岸文化事業有限公司
發行	遠足文化事業股份有限公司（讀書共和國出版集團）
地址	231 新北市新店區民權路 108-3 號 8 樓
電話	02-22181417
傳真	02-22180727
法律顧問	華洋法律事務所　蘇文生律師
印刷	呈靖彩藝有限公司
初版	2025 年 5 月
定價	480 元

ISBN	9786267376737（平裝）
	9786267376720（EPUB）
	9786267376713（PDF）

國家圖書館出版品預行編目(CIP)資料

真假丈夫：
馬丹蓋赫返鄉記（四十週年經典回歸版）
娜塔莉・戴維斯(Natalie Zemon Davis)著；
陳榮彬譯. -- 初版. -- 新北市：衛城出版，遠足文化事業股份有限公司，2025.05
面；　公分. -- (Beyond；77)(世界的啟迪)
譯自：The return of Martin Guerre.
ISBN 978-626-7376-73-7（平裝）

1. 獨詐欺罪　2. 民事審判
3. 社會史　4. 法國

540.942　　113013699

ACRO POLIS
衛城出版
Email acropolisbeyond@gmail.com
Facebook www.facebook.com/acrolispublish